間違いだらけのオンナ選び

後藤よしのり

SEIKO SHOBO

まだナンパ本を読んでるんですか?

◉はじめに

早いものです。僕が最初の本を出してから、とうとう10年になりました。その間、雨後のタケノコのように恋愛本市場は活況を呈し、本屋さんではこの本の隣にも、「モテる××」だの「オンナを落とす○○」だのといった本が山積みになっているのでしょう。でも、ちょっと考えてみてください。そんな類の本を熟読して、アナタはモテるようになりましたか? 女の子がアナタめがけて群がってくるような体験ができましたか?

僕は現実からしかお話ししません。これはつねづね述べることですが、「今モテていないアナタは永遠にモテない」、これが真理なのです。

そもそも日本人には、この類のノウハウ本は合わないのです。遺伝子的に日本人は〈新規探索傾向〉が弱い人が大半なのです。ですから、その日本人に新しいことにチャレンジさせるにはメンタル面のケアが重要なのに、新規探索傾向の強い人に向けてのナンパのテクニックの伝授だけでは日本人は救われないのです。

断言します。対人コミュニケーションのスタートラインにも立てない男性が、モテるようには決してなりません。これはつまり、河川敷の草野球の9番バッターが、松井やイチローのようにメジャーリーグでプレイしたいと望むようなものだからです。

「出会いがないので」とか「周りに女の子がいなくて」などと言う人もいますが、たとえ過疎化地域に暮らしているとしても、そんな言い訳をするようでは、渋谷のセンター街に住んでいたって彼女は出来ません。そんな言い訳で自分自身をごまかす前に、まずは自分を変えてみましょうよ。それがきっと早道です。

また、もう少し上級者にも言いたいことがあります。

仮にアナタが効果的な方法を見つけて何人かの女性を抱いた経験を持っていたとしても、彼女との時間は幸福でしたか？　アイツが理想の女だと、アナタは心から言えますか？

もし心から満足できていないのであれば、彼女との関係は〈幸せへのステップ〉ではないのではないでしょうか？　本来アナタが求めるべきなのは、理想のパートナーとの素敵な時間であるはずですよね。そうだとしたら、まずは基本の〈オンナ選び〉からあらためて考え直してみませんか。それがこの本での僕の提案です。

今回もまた、僕は自分の指導経験や実体験で得た情報しか書かないつもりです。事実確認が出来ていないことをどこかの本から引っ張ってきたり、個人的な経験だけで他の人にまったく適用できない内容を書かない、ということです。

だから今回も、実に多くの方にお話をうかがいました。特に言語エンジン代表・大山興世意氏、感情のコントロールについて相場と恋愛の類似性に気づかせてくれた実弟、パンローリング社長・後藤康徳、気づきの多いセリフと惜しみなく人脈を紹介してくれるプロアクティブのガッツさんこと山口社長、ソフトな語り口で僕の暴走を食い止めてくれる飛世真人さん、僕をいつもいつも支えてくれている野田慶輔、数多くの友人、僕のスタッフたち、そして最後につねに新しい提案をしてくれて僕の可能性を引き出してくれる成甲書房の田中亮介代表には貴重なサジェスチョンをいただきました。お礼を申し上げます。

さあ、小手先のナンパ本を棄てて、この本で〈男と女のいい関係〉を探してください。

２００３年５月　後藤よしのり

◉目次

I章 なぜ不幸になる女を選んでしまうのか

Ⅱ章 男と女のイイ関係・悪い関係

Ⅲ章 たったこれだけでモテる男に変身できる

Ⅳ章　絶対に失敗しない最強恋愛術

Ⅴ章　その欲望主義、ちょっと待った！

VI章 素晴らしいパートナーを見つけるために

装幀◉フロッグキングスタジオ

Ⅰ章

なぜ不幸になる女を選んでしまうのか

今モテてないアナタは永遠にモテない

今は女性がすごく積極的な時代です。女性からの告白は当たり前。セックスの誘いが女性からというのも珍しくありません。ただ問題は、〈モテる男が女性を寡占化《かせんか》している〉こと。

現時点でモテていない男の人が、このまま放っておいて、いつか偶発的な理由で自然にモテるようには100%なりません。保証します。

モテない人の原因はいろいろあります。しかし、その大きな原因の1つは、〈所属コミュニティが少ない〉ことです。消極的、シャイだからという例がいちばん多いですね。

今、日本中の過疎化した地域で、「嫁の来手がない」という問題が非常に深刻化しています。そういった地域からのコミュニケーションの指導依頼や、自治体レベルでの対策への意見を求めて、僕を招いてくださる地域が後を絶ちません。

その指導の経験上、つねに感じるのは、恋愛のパートナーを見つけられない男性の共通点のトップ項目は〈責任転嫁〉です。

まず何ごとも人のせいにします。環境のせいにするんです。「自分には問題がない。自分は今までに最大限の努力はした。これ以上の手段は一切ない」

こういうことを言います。これはモテない男の発言として都会でもまったく同じです。その次の問題が前記の〈所属コミュニティが少ない〉ことです。

たいていが家庭と職場の往復のみです。

過疎化地域で地元に残っている人の、その残っている理由の一番は、先祖からの墓を守ることだそうです。しかし、その中の半数にとっては、本当の理由は都会で勝負することを恐れて田舎に逃げたのです。

家庭と職場では所属コミュニティは2つですよね。

これにインターネットでも使って知人を増やし、オフ会を開くなどすれば、これでコミュニティは1つ増えます。そうすると3つのコミュニティに所属することになり、1.5倍に所属コミュニティが増えたことになります。

そうするとチャンスは1.5倍かというと違います。1.5の2乗、つまり2.25倍だと思ってください。もう1つ習い事でもすると所属コミュニティは全部で4つになります。最初の2倍なので、2乗で4倍になります。

単に経験則に基づく感覚的なものですが、まず間違いありません。

僕は学者ではないので感覚的なことも言いますし、目に見えない運気や波動などの話もさせてください。実際に効果がありそうなものは何でも使います。何でもありです。

ヴァーリ・トゥードでやりたいと思います。

「いや、俺は10もの所属コミュニティを持っているが、彼女が出来ないぞ！」という人が時々います。

そういう人は、それが今のアナタの実力だと思ってください。それほど今のアナタはレベルが低いのです。その場合に問題は、コミュニティ内での〈積極性〉であるケースが多いですね。そうでないのなら、アナタのコミュニケーションはかなり大きな問題を抱えていることになります。

コミュニティに所属はしているが、ほとんど会話もしないし、下手《へた》をすると嫌われている。そうなると、所属コミュニティを今のアナタのコミュニケーションレベルでもチャンスが生まれるだけの数に増やすか、アナタの能力を改善するか、そのどちらかが必要になりますよね。事実だけで話しましょう。机上の空論を交わすつもりはありません。

イイ女とはあなたの価値観にピッタリ合った女性

理想の女性ってどんな女の子でしょうか。これは誰かに決められるものなんでしょうか？　実は、モテる男の人は〈自分の好み〉をけっこう正確に分かっています。

なぜなら、ある程度実際に生身の女性とつき合った経験から、世間では美人と呼ばれている顔やスタイルの女性を抱いた結果、自分が想像していたようにはのめり込めなかった経験をしているからです。

それよりも、現実に自分がのめり込んでしまうのは、女性とつき合う前には想像していなかった部分に、実は自分がこだわっていることを発見してしまうからです。

「相手は自分を追いかけてくる。それなのに自分は彼女を好きだという気持ちを維持できない」。こんな経験をしているからです。モテない人には、それは想像すらできません。


分からないから何を基準にするかと言えば、テレビや雑誌の情報と照合しながら判断をします。経験がないので、誰かと本当に深くつき合ったときの自分の内面に起きる〈心の動き〉を予測することができません。だから、勝手な憶測をするための情報であっても、自分の内面を探るための情報ではないのです。

女性は、この自分の価値観をかなり正確に把握している人が男に比べると多いですね。

この基準の設定でお願いしたいのは「自分自身にウソをつかない！　絶対に正直になること」です。人目を気にしないということです。人目を気にすると幸せは遠ざかります。

一目惚れって、ある特定の文化の中で育つ過程で、前もって自分に入っているデータから生み出されるものですよね。この意味、伝わってますか？

たとえば、スタイルが良い女性という基準が160センチくらいの身長の人だとすると、日本人だと体重50キロくらいですかね？　そんなに重くないのかな？

でも国によっては、その体重が80キロくらいの国ってありますよね。

その国の男性にとっては80キロくらいの女性を見ると「最高！」って思うわけです。

だから本当は美の概念って、事前情報に毒されてしまっているんです。

でも実際に誰かとつき合ってから気づくのは、実は恋愛観ってテレビや雑誌の情報とは違って、一人一人全部異なるパーソナルな出来事だということです。他人の基準に合わせると絶対に不幸になります。

自分にとって本当の、心の深い部分から湧き上がってくる気持ちにだけ焦点を合わせて、自分が好きな相手を想定してください。

極端な場合には、自分がゲイであることに気づいちゃう人がいるかもしれません。もしもそうだとしたら、結婚して子供が出来てから気づいたら辛いですよ。

実際にいますからね。そういう人が。

人目を気にせず本心で自分のタイプを見つめないと、自分の幸せにはつながりません。それに価値観って、かなり正確につかんだつもりでも、新しい経験を積めば必ず微調整されます。時には、その微調整がすごく大切な変化になる場合もあります。

大切なのは〈絶対に無理しないこと〉です。自然な自分を受け入れてください。

僕のところに相談に来る人の中には、「自分自身から本当の自分を隠す癖」が強い人が少なからずいます。

ストップ！　それは絶対にやめてください。

人生の計画を立てる人はいっぱいいます。何歳までにどんな仕事をする、どんな地位につく。いくら稼ぐ。何を買う。……こういうことを考える人は数多くいます。

でも、〈どのように幸せになるか〉と考える人は少ないですよね。自分にとって幸せとはどんな状態である。自分の体にこんな感覚が広がるのが幸せだ、と気づいている人はほとんどいません。

そもそも、こういうことを考える人がほとんどいないのです、特に男性は。僕の話は奇妙に聞こえるでしょうか？

でも、これを考えないから、おカネをたくさん持っても幸せになれない人が多いのではないでしょうか。

単にこうなりたいという〈漠然とした願望〉や〈世間の価値観〉に惑《まど》わされて、金持ちになりたいなどという目標を考えますよね。でも、それが現実になったときに本当に幸せになれていない人が多いですよね。

昔から、心理学やニューエイジでは車の話にたとえられます。車を欲しがっている人は車を欲しがっているのではない。車を持ったら「女にモテるだろう！」とか、「風を切って走ったら爽快《そうかい》だろうなぁ」とか、モテたときの自分の中に芽生える感情、感覚、風を切り走ったときの爽快感などを個人個人ごとに求めているのです。みんな違うでしょう。

でも車を持っていないときにモテなかった奴は、車を持ってからもモテません。だから車を手に入れた後で「こんなはずじゃない!」と思うのです。

BMWだったからダメなのか! フェラーリなら大丈夫なはずだ!

それはいったい真実でしょうか?

なぜこんな問題が起きたのでしょうか?

最初に自分が欲しいものをしっかり決めずに、よそ見をしたからではないでしょうか?

同じように、自分が本当に好きになる相手を最初にしっかり決めないと、アナタのレーダーは誰かに操作されてしまいます。たとえばテレビや映画や雑誌に、はたまた親切な周囲の人々に。

マスコミの情報や周りの人たちの意見がアナタのレーダーを勝手に動かし始めてしまいます。誰かが動かしたレーダーで見つけた相手と恋愛をしても、幸せにならないのは当然だと思いませんか? アナタ自身のレーダーで探さなければなりません。

その前にレーダーをメンテナンスしないといけません。アナタのレーダーはまったく感度が鈍っているかもしれません。今のままメンテもしないで使い始めても、アナタは幸せに向かわないかもしれませんよ。

ここで、〈理想の女性〉を見つけるのにすごく良い方法をお伝えしたいと思います。まず理想の恋愛の中で、自分がどんな状態でありたいのか想像してください。相手は関係ありません。よくある間違いに「こういう相手とつき合いたい」と答える人がいます。僕は今、それを聞いてはいませんよ。だから相手はまったく関係ありません。〈理想の恋愛をしているときのアナタ自身がどんな状態でありたいのか〉ということです。

そして自分の中に生まれてくる感覚に敏感になってください。呼吸が楽になるかもしれません。お腹が温かくなるかもしれません。

いつも穏やかな心でいたいと思うかもしれません。優しい気持ちでいる時間を長く持ちたいと言うかもしれません。

アナタなりの答えを見つけてください。そして、そのときに自分の中にどんな変化が起きるのかを感じてください。

これがアナタにとっての〈幸せに包まれている状態〉ですよね。

理想の相手とは、その感覚が一人でいるときよりもパートナーと一緒にいるほうが大きくなる相手、もしくは、その感覚でいられる時間が一人でいるときよりも長くなる相手、それが理想の相手ですよね。同意していただけますか?

でも騙されやすい人は、そういう探し方をしません。逆をやります。

幸せな感覚ではなく「この感覚を味わいながら過ごすのは嫌だ」と、冷静なときには、
そしてレーダーがクリアなときには分かっているはずの正しい答えと正反対の答えを追いかけて恋愛をするのです。そして失敗します。時には飲み屋のおねーちゃんに手ひどく騙《だま》されます。心当たりがあるのではないでしょうか。

そんなときには、不自然なハラハラドキドキや、自分の心に不安感を増大させる相手を追いかけてしまい、自分自身を見失うことが多いですよね。

それでは騙されても当然だと思いませんか。アナタの無意識はアナタに警告を発していたのです。でもアナタ自身が、それを振り切って無視することに決めたわけです。

アナタの恋した相手が黙っていても、会話をしたときにはアナタに慰めを言ったとしても、アナタの無意識は警告を発しているはずですよね。

でもたとえそれがウソでも、相手の耳障《みみざわ》りの良いセリフを聞いたら、そっちを信じようとしますよね。

自分の無意識がせっかく教えてくれた答えを、無理やりにでも無視しますよね。

こういう人をサポートすることは僕にも出来ません。そういう人は騙されたいのです。

こういう人は不幸になりたいのですから、幸せになるのは難しいですよね。

自分で種まきして芽が出てきたと悩む愚かしさ

「つき合っている女が浮気している」と相談してくるケースで、いつも不思議に思うことがあります。浮気をしそうもない女性が浮気をして悩んでいるケースって、ほとんどないんですね。

「この女なら浮気すると思ってたでしょ？」というケースが非常に多いのです。

たとえば、クラブに遊びに行って、ナンパしてつき合い始めたとします。

彼女をナンパしたのだから、当然男のほうだって、それまでに他の女の子にも声をかけているわけです。彼女だって何人にも声をかけられてきたのですから、つき合い始めたからといって状況が変わるでしょうか？　たいていの場合には男もナンパをやめませんし、女も同じで、行動が変化しない確率が高いですよね。

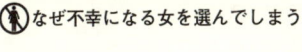

男に「もう二度と他の女の子に声をかけないで！」と言っても、それを守る人はほとんどいませんよね。それと同じで、男がナンパがきっかけでつき合い始めた彼女に「他の男が寄ってきても全部無視してくれ」と要求しても、彼女が聞き入れてくれる可能性はあまり高くないんじゃないでしょうか。

他の男にすぐに目がいく彼女に悩んでいる男性は、このケースが多いですね。クラブに行くからダメだと言っているんじゃないですよ。あくまでも、同じ出会いのパターンがまた繰り返される可能性が高いとお伝えしたいのです。

〈不倫〉も同じです。アナタが家庭のある女性と不倫をしたとしましょう。彼女は旦那にウソをつき続けてアナタと逢います。そして晴れて離婚が成立して、アナタと結婚したとします。

でも彼女が、今後はアナタとの家庭を壊《こわ》す可能性がないとは断言できませんよね。

もちろん、それぞれの人によって違いますよ。だけど男の人の場合には、不倫で離婚した人って、また同じように浮気するケース多いですよね。

特に若い世代で結婚して不倫で離婚した人は、再婚しても不倫で離婚しているケースが多いですよね。

風俗や水商売では、そんな経験をしている子が実際すごく多いです。

男女ともに浮気って、する人は何度でもするし、しない人はほとんどしません。

だから反省しているって泣いて謝ったからといって、許してあげても報われません。

同じパターンが繰り返される確率は高いのです。

なぜ貢ぎ続ける男や女がいるのか？

自分を必ず不幸にする男とつき合い、泥沼にはまっていく女の人っていますよね。その反対の「この女とつき合うと身を滅ぼす」と気づきながらも関係を続けてしまう男、そちらも女性ほどには多くないけど最近増えてます。

ストーカーのような、完全に専門家の手にゆだねるレベルの病気の人とはつき合わないように、丁寧に避けるしか一般人には対策はないでしょう。

でもずっとまともだったはずの人間が、ある日を境に利用されて貢ぎ続けるようになってしまうのはなんででしょうか？　なぜまともな考えと逆行した行動をしてしまうのでしょうか？　本当は頭では理解しているのに。

その原因の1つは、〈心の深い部分〉で不幸になることを望んでいるからです。自分は、そのような仕打ちを受けるのにふさわしいと思っているんですね。

子供のときに条件付きの愛情で虐待を受けながら育ってきた人は、条件付きの人間関係に苦しみながら、それでいて〈安心する関係〉だと感じてしまいます。

貢いでいる人は本当にこのパターンで、例外はないですね。

女の人のほうが貢ぐ被害者になってしまうケースがよくあるし、パターンが分かりやすいので、最初に女の人の例で話します。

ホストやヒモは、この〈回路〉が入っている女の人を無意識に見つけるのが得意です。その回路さえ入っていれば、ホストが善人のフリをして接していても、女性のほうから「私に愛情をくれるには何が代償なの？　どんな条件があるの？」という問いかけをしてきます。

「自分で考えろ！」と言えば、「おカネなのね」と、女が自動的に考えて安心することをよく分かっているのです。もちろん、こんな表現方法は使いませんよ。ソフトに伝えるかハードに伝えるかは、その時々なんです。彼らは相手によって使い分けています。

なぜこうなるかといえば、貢ぐ人にとっていちばん不快なのは答えが分からないことだからなんです。なぜ、おカネを貢ぐという答えに落ち着くことが多いかといえば、カネは最もパワーが強いと思われるので、それを条件として提示すれば正解になることが多いと感じるからです。

そこで、女がカネを出すとします。ホストやヒモは最初のうちは「そんなことはしなくていい」と口では言います。でも目的は最初からカネですから、時期を見て必ずしっかり受け取ります。拒否する場合には別の作戦が裏で進行していますが、これは別の機会に話します。

このプロセスをたどれば、女は「おカネは自分が納得して出したんだ」と、自分を自分で説得します。答えが分からないよりも、カネを貢ごうが別のものをプレゼントしようが答えを手にするほうが安心できるので、この答えを受け入れます。

カルト宗教の洗脳と同じですよね。男から表面的な言葉では「カネは必要ない」と言われていますので、「彼は悪くない！」と自分にウソをついて納得させます。

虐待であっても、コミュニケーションがなくなるよりはまだマシと、人間は考えるからです。

最近のイジメは相手を殺すまで追い込みますが、昔からあった村八分などがなぜ成立したのか、なぜ逃げないのかを考えると、無視よりもイジメを受けているほうが落ち着くからなんです。だから答えが分からないままの不安定な状態よりは、答えがカネを貢ぐことであっても、貢いで安定したほうがずっと楽に感じるのです。

男の人の場合には、女性が困った様子を男に見せて、「理由を言え！」と男に問い詰められても最初は黙っています。しばらく焦《じ》らせて、それでも問い詰められてしぶしぶ喋らされた体裁を整えます。

そうすると、無理やり口を割らせた男には責任感が生じますので、たいていカネは用意しますね。

これでカネを少しも援助しなければ関係は切れる、と思わされるからです。実際にカネが目当てですから、このときに援助しなければおそらく関係は終わるでしょう。

しかし、そんな相手との関係はできるだけ早く終わらせたほうがよいと、僕は思いますけどね。

ちなみに、貢ぐタイプの女の子と恋をすると、アナタがどんなに誠実な男でも彼女には物足りなく感じてしまいます。彼女のニーズはアナタの誠実さではないですからね。そして彼女が行うべき答えが分からないので、彼女は非常に強い不安感を抱きます。

条件付きの関係で今まで生きてきているので「側にいてくれるだけでいい」という言葉を聞いても、ウソ臭くてリアリティを感じません。

だから彼女は、男が条件を突きつけてこない場合には不安になってしまい、関係を壊し始めます。こういう女性とつき合うと、優しくて誠実な男の人ほど苦労しまず。

一般的に男らしい男の人が、この優しさゆえのミスを犯します。彼女は、自分のほうが彼に対して尽くすバランスが過剰でないと安心感を得られません。自分の与える量が少ないとバランスが崩れているように感じるのです。

不安定な状態を不快に感じるので関係そのものを壊すか、または不当な要求をされて尽くさなければいけない状態をつくられてしまうことを望んでいます。彼女は自分自身で物事を決めて自分の人生に責任をとる準備がまったく出来ていません。なんでも他人のせいにして被害者の状態に落ち着きたいのです。

このあたりの対応は別に書きます。

男にモテる、だから彼女は騙《だま》されやすい

なぜかくも、ダメ男にばかり引っかかる女性が多いのでしょうか。いくつか簡単な理由があります。

いちばん多いのは、彼女が自分自身を「いい女・モテる女」だと思っているところにあります。

普通の人は誤解しているんですが、自信がある女のほうが騙されやすいんです。

他人の目から見て彼女が、実際に美人か否かは関係ありません。

自信がある女の人は「男が自分を好きになるのは当たり前！」だと思ってますよね。

その自信があるので、期待が満たされないと心が揺れますよね。

その隙《すき》を突かれるのは男女ともに同じです。それは自信というよりも、〈根拠のない慢心〉ですけどね。

チヤホヤされるのに慣れているので、男が自分になびくのは当たり前だと思ってます。

「この男は私に惚れている！」と彼女が思った瞬間に男が引きます。

そうすると「あれっ？」と混乱して不安感が増します。そうなると当然、不安定な状態を安定させたくなりますよね。「絶対に自分に惚れているはずだ」と一度は確信した

のですから、その状態を取り戻すために、今度は彼女が追っかけ始めるようになります。〈ベクトルが逆転〉したのです。

これが昔ながらのプレイボーイの常套《じょうとう》手段です。

でも実は、このパターンは通常は男向けの戦略、対男性のほうが、より効果的なんです。その証拠に、この方法でキャバクラで引っかかっている馬鹿な男の人多いですよね。女向けの口説《くど》きの戦略のオーソドックスなパターンは別に存在します。

男は、相手が口説けそうな感触がないと恋愛感情は湧きませんよね。でも女の人って、口説けるかどうかとは別のところで恋愛が始まります。

だからプロの女性は、〈口説けそうな隙〉を見せることがすごく大切です。

でも隙がないように見える女性のほうが性格は良い人が多いですよ。

隙づくりが上手な女の人に上記のプロセスと同じことをやられたら、「おかしい！　俺が何かミスをしたのか？　もう一回最初からやり直しだ！　そうすれば口説けるはずだ」。

アナタもそう思ってしまうんじゃないですか？　でも、そんなのウソに決まっているじゃないですか。

雰囲気づくりがダメな男は努力するほど嫌われる

今までの僕の本を読んでくれた読者の中には、表面的なことを上《うわ》っ面《つら》だけ真似して、「結果が出ない」と主張する人たちが少なからずいました。そういう人には共通点があります。

自己責任をとりません。全部悪いのは他人のせいにします。でも雰囲気が、すでに気持ち悪いんです。

いちばん大切なのは、この〈雰囲気づくり〉とさえ言えます。テクニックなんかまったく使わなくても、雰囲気さえ良ければチャンスは多いし、そのチャンスを上手に手にしていきます。

雰囲気の悪い人って、相手に何が起きているのかを〈感じ取る能力〉と、自分が伝えたいことを意思通りに〈伝える能力〉が欠けているのです。そんな人たちの多くは、自分の思いを伝えようとしても気持ち悪いと思われてしまいます。

モテない男は多くの場合、一生懸命に行動しても、この雰囲気を改善してからでないと、気持ち悪いという認識が周辺に今まで以上に早く伝わっていくだけになってしまうことがあります。これは最も注意が必要な点です。

飲み屋の人たちは男女ともに、この雰囲気づくりがうまいですね。他は苦手でも、この部分だけは最初から得意な人間が参入しています。そして、これは女を口説くときにいちばん大切な部分でもあります。

騙されやすい男の人は、いわば〈自己同一化〉〈分離不安〉〈揺り戻し〉といった一連のプロセスを巧みに悪用されて、陥れられています。

たとえば、最初は徹底的にチヤホヤします。男は女の人よりも、そのチヤホヤをすぐには鵜呑《うの》みにしませんが、それでも諦《あきら》めずにチヤホヤを継続します。その結果、〈自己同一化〉が完了したと思った瞬間に冷たく突き放して〈分離不安〉を起こさせます。

飲み屋の場合ですと、女の人が自分の意思で席を立ったとなると男の人は正気になることが多いので、熟練したマネージャーなどが、この采配《さいはい》を行います。

女性はまだ続けて話をしたいのに、それを別の力が働いて続けられなくなったとなると、男の人も〈認知不調和〉を起こします。

そうなると不安定なので安定したくなります。このプロセスを利用して、キャバクラで「つい指名をしてしまった！」という人は多いのではないでしょうか。

騙すことを目的とする人たちが優しくするのはなぜでしょうか？　それは突き放すためです。なぜ突き放すのでしょうか？　不安定になると安定したくなるからです。

そして安定するためには様々な〈妥協〉をするからです。その妥協の中には当然、カネも入っています。最初から、この一点を目指して水商売は構成されています。

ホストやヒモは最初からカネが目的ですが、女性の水商売の場合には必ずしもそうだとばかりは言えません。それはマーケットが大きいので、サービスを提供する側もプロばかりを集めることができないからです。また、アマチュアが適度に混ざっているほうがプロも仕事しやすいですよね。そのバランスが、業界に言い訳ができる余地を残していますけどね。

しかし、仕事がうまい女性の優しさは、やっぱり動機はカネだと考えて、誠意を期待しないのが無難でしょうね。プロなのだからカネが動機なのは当たり前です。

問題は、恋愛と本気で錯覚する人たちに芝居を提供しているとプロは思っているのですが、素人《しろうと》は正気を失うという点に尽きます。

もしもアナタが騙されたことがあるのなら、このプロセスを使った経験には心当たりがあるのではないでしょうか。カルト宗教もキャッチセールスも、実によく使う手です。

というよりも、この手法を使わないと成り立ちません。彼らはもっと巧妙に行っているし、悪意がなくても〈自己同一化〉から〈分離不安〉が起きるプロセスが生まれてしまうことはありますが、プロはプロセスを自覚した上で悪意に基づいて使っているのですから恐ろしい限りです。

このプロセス自体は自然に起きますし、悪意がなくても起きることはあるのです。

自然な反応だからこそ効果的なのです。ただ、プロは自覚的な悪事に使っているという点が問題なのです。

この一連の過程で最も重要なのは〈自己同一化〉の部分です。自己同一化が深ければ深いほど、突き放されたときに大きく〈認知不調和〉が起きます。不安定感が大きくなるので、それに伴って〈揺り戻し〉も大きくなります。

〈自己同一化〉がしっかり、しかも強烈に行われていないと、突き放されたら、突き放した相手を嫌うだけですよね。親しくもない人からアナタの人間性や行動を否定されたら、相手を嫌いになるだけですよね。弁解すらしようと思いませんよね。「なんて馬鹿な奴なんだ！　でも馬鹿だから放っておこう！」、もしくは「徹底的に戦ってやる！」と思いませんか？

だからすべては〈自己同一化〉が行われて初めて成り立つことなのです。

自惚《うぬぼ》れの強い男たちに仕掛けられるワナ

女性は関係づくりから人間関係を始めます。でも男の人は、先に相手と親しくなりたい理由がありますよね。それは経済的な動機かもしれないし、面白い奴だと思うからかもしれません。誰かれかまわず周囲の人と親しくしようとする人は、よほど人間ができた大人物か、強迫観念に駆られているだけですよね。

だから普通の男の人は女性が少々優しくしてきても、「この女、俺に惚れてる！」とは思わないものです。うれしい反面、むしろどこかで疑いの心を持ちますよね。

また男性は、魅力的だと思わない女性からどんなに優しくされても、たとえ好意は抱いたとしても恋愛感情にまではなかなか発展しませんよね。その反面、魅力的だと感じる女性からチヤホヤされると警戒心を抱いたりします。だから騙されるのは男性よりも女性のほうが多いのです。

でも自惚《うぬぼ》れの強い男は違います。チヤホヤされるとすぐに信じ込むことができます。「俺って格好いいから当然！」とすぐに慢心できるのです。

そのモテるという自惚れが、仕掛けに引っかかりやすい原因にもなります。

キャバクラでは、騙す側からすれば自信のない男の人のほうが騙しにくいのです。信じさせるのに少し手間がかかるからです。

目が合っただけで勘違いをして「この娘は俺に惚れてる！」と思い込む、気持ち悪い人も中にはいますよ。だけど、これは完全にストーカー予備軍です。

特別なコミュニケーションをしないで普通の挨拶《あいさつ》程度でも極度な思い込みをする人間は病気ですから、こんな男はプロはあまり相手にしません。

というのは、この手のストーカー予備軍はリスクばかりが大きくて、そのくせカネを持っていないケースが多いからです。カネさえ持っていれば、プロは距離の取り方に気をつけながら仕事をしてくれるでしょうけどね。

話を戻します。

自惚れを利用した巧妙な手口で誘う例は、ボッタクリ店舗でもよくあります

今ではもう使い古されている手かもしれないですけど、大型繁華街では若いおねーちゃんが逆ナンパのように若い男に声をかけて、ボッタクリ店に誘い込む手口が一時、流《は》行《や》りました。

それも飲み屋ではボッタクリ店だとバレやすいので、小料理屋などとスタイルを変えてボッタクリを行う店や、カラオケボックスがボッタクリ店舗、などという話もニュースになりましたね。

時代を超えて、いろいろと手口を変えながら生き残っているんですよね。だから事前情報のない店に入ることは絶対にお勧めしません。

このスタイルのポイントは、逆ナンパをされても何の疑いも持たない人たちを狙うことにあります。

一流企業のサラリーマンで、人相風体もまあまあで、「俺ってモテてもおかしくないかな？」と本人が勘違いしやすい奴を狙うのです。

「友達と待ち合わせしてたんだけど、ドタキャンされて。むしゃくしゃするからどこか

に一緒に飲みに行ってくれませんか」などと声をかけて近づきます。そうすると、「まぁ、そんなこともあるかなぁ」と思って、ついていくとボッタクリ店なのです。

こうやって声をかけられても、自分に自信がない男は警戒してついていかないですよね。それも女の子が可愛ければ可愛いほど「これはおかしい！」と思いますよね。でも自惚れが強い人はついていくのです。その結果として騙されるわけです。

頭の良し悪しなんて関係ありませんし、高学歴だからヤバイ男や女に騙されない、なんて思い込みは事実に反しますよね。要は〈脳のタフさ〉が重要ですよね。高学歴でIQが高いだけでは洗脳されてサリンを撒《ま》いたりしますよね。凶悪なカルト宗教がさんざん証明しています。

だから自惚れが強い人ほど気をつけてください。

良い人・悪い人を見抜くレーダーになってください

そうは言っても、モテる男女が全員、ヤバイ相手に騙されるわけではありません。絶対とは言いませんが、騙されやすい人に傾向があるように、騙されにくい人間にも傾向があります。

自己責任の認識をしっかり持っている人間は騙されにくいですよね。そりゃそうです。騙されたとしても自分が悪いと思っている人間は、自分で考える習慣を持っています。

他力本願では騙されるのも当然ですよね。判断を他にゆだねてしまって自分で考えない癖がついている人は騙されやすいですよね。

それから論理的にものを考えない人間、これも騙されやすいですよね。

一見論理的なウソに弱い人っていますよね。屁理屈ばっかり言っている人も騙されやすいタイプですよね。

屁理屈の多い人は事実を基準にして話しません。事実を基準にして話せば、ウソには引っかかりにくいはずです。

「誰々がこう言ってた」と言い張っている人に、

「それで実際には何が変わったの?」と尋ねても、

「今はまだ変化は起きていない」と答えるのを聞くと、

「あー、ウソの可能性高いなぁ」と思いませんか?

詐欺はほとんど皆、同じ手口ですよ。

一時的に儲かる気にさせて、それから回収に入ります。儲かる気にさせるというのも、大掛かりな詐欺のように現金を一時的に返す方法もあれば、必ずしも物質的なものを返さなくても気分的に心地良さを提供したりします。

恋愛だったら、〈口説ける〉という錯覚ですよね。

ここでレーダーを身につける方法があります。時間をかけて丁寧に行ってください。まず自分自身にとって理想の恋愛の中で、〈どういう状態になるのが、どう感じるのが幸せなのか〉を、ゆっくり丁寧に考えてください。相手は関係ありません。自分のことだけです。

自分の内面にどんな感じが湧き上がるかを感じてほしいのです。優しい気持ちでいることかもしれませんし、穏やかな心でいることかもしれません。それは人それぞれです。その感覚を充分に感じてください。次に、それがどんな感じなのか紙に書いてください。その感覚が今、ステレオのボリュームのように目盛りが付いていて、100までの数値の10くらいだと想像してください。

その目盛りのスイッチを50、70、90と徐々に上げて、感覚を増幅させてみてください。幸せな感じがいちばん心地良いところを探してください。

理想の恋愛相手は、この感覚で過ごす時間を長く保ちながらつき合える相手か、もしくは、この感覚がさらに強くなる相手ではないですか?

でも多くの人は、この感覚とは全然違うハラハラドキドキした感覚を追いかけて恋愛をします。そして例外なく不幸になります。時には手ひどく騙されます。

この感覚を先に決めないで恋愛をする人は、自分の幸せを誰かに決められてしまいます。

「これが幸せだ！」「これを追いかけろ！」

そうやって押しつけられたものはテレビからの情報かもしれませんし、雑誌からの情報かもしれません。はたまた、親しい人からの情報かもしれません。でもアナタの幸せの感覚を、他人が正確に把握しているわけがありません。それを知っているのは、世界中でアナタ、ただ1人なのです。

自分を大切にしたくない人はいないでしょう。誰でも自分を大切にしたいと思っているでしょう。だけど自分にとっての幸せな感覚をしっかり把握していないで、他人の意見で幸せを追いかけると、アナタが幸せになれる可能性はかなり低くなります。

多くの人は自分を大切にしていると思い込んでいますが、丁寧に自分の心を探っていくと実際に自分を大切にしている人は本当にわずかです。

アナタの周りに1人でもいれば、アナタは非常に良い人間関係の中で過ごしています。多くの場合には周りに1人もいないようです。

面倒なことを避けたいと考えて、誰か、もしくは何かに依存したいと思ったら、騙されて当然ですよね。常識はずれの高金利の投資などに誘い込んで騙す詐欺は、たいていこのパターンですよね。

ちなみに、このレーダーやセンサーの感度については、成功している人ほど、「なるほど！　そういうことって絶対にあるよね」と理解してくれます。

株式相場でも不動産相場でも店舗経営でも、表面的な条件がどんなに良いように見えても、自分の内面から来る情報が「ＮＯ」と言ったら踏み止まる、という人はものすごく多いです。

成功者は全員ではないでしょうか。

だからアナタの自由を奪う、または放棄させられる、嫌な何かを強制される、もしくは自然に不都合なことを呑《の》まなければいけない気分にさせられる。こんな相手はかなり危ないです。自分自身の内面から警報が発せられているのに無視するなんてことはやめてください。

でも、僕も含めて、人間の感性は自然に忠実には動いていなかったりします。

たとえば、脂の乗ったステーキとサラダではどっちが体に良いでしょうか。

それは当然サラダですよね。ではどちらが好きですか？

残念ながら僕はステーキです。

でも、これは本当は良くないんですよね。そう感じてしまう自分自身のセンサーがどこか鈍っているんだと思います。野生動物は絶対に、こんなことはないと思います。

これを教えてくれたのは実は高尾山《たかおさん》のサルなんです。高尾山のサルが完全に野生かどうかという議論は、ここではするつもりはありません。少なくとも僕たちよりは野生に近いですよね。テレビ番組の名前も企画も忘れましたが、要するに高尾山のサルがコンクリートをなめるという話をしていたのです。

そして、その理由は、カルシウムが不足しているのを補うためだと言っていたと思います。

でも、サルがある特定の栄養素が不足しているからと、マズいものを強制的に食べさせようとしても食べると思いますか？ 食べませんよね。だからサルにとっては、それは美味《おいし》しかったわけです。美味しいから口にするのです。

今までの情報よりも、自分の体に起きる現象のほうが重要だと分かっているのです。それは、その情報を読み違えると時には死ぬからですよね。

でも人間は、自分を不幸にすると分かっているときでさえ、内面の情報を無視して、予測通りに不幸になっていきますよね。必ず自分を騙すであろうという人間を好きになって不幸になっていく。それはものすごく滑稽《こっけい》です。

薬って、コンクリートをなめるサルみたいな、サルが食べる草を追いかけて発見されたものも多いそうです。漢方薬なんかは特に。胃腸の具合が悪くなると、誰に教わることなく、森の中で食べると消化力がアップする葉っぱや草を食べて治す。それを見ていた人間が分析したところ、効果がある成分が入っていて、その成分を抽出して市販薬で使われるようになっていくというように。

体の声が聞こえないときには、判断能力を持っている存在の力を借りるのが良いと思います。

でも、それは神様に依存するというようなものではなく、サルのあずかり知らぬところでコッソリ後をつけて薬を発見した人たちのようであるべきだとも思うのです。

キャバクラに客として飲みに行っているのに、「今夜は彼女に会いに行く」などと言うので、よくよく聞いてみると単なる客、という滑稽な人は読者の中には生まれていただきたくないし、そういう方とはツキが落ちるし気持ち悪いので、僕は永久に接点を持ちたくないと思います。

騙されるヤツは何度でも騙される

「今までさんざん騙された。良い勉強をしたから、これからは騙されない」。そんなセリフ、聞いたことありませんか？

でも、これって全然、勘違いなんですよね。

騙される人間は何度でも騙されます。その上、騙されれば騙されるほど、もっと何倍も騙されやすくなります。

これはカルト宗教でも同じ。宗教にも次からと次へと宗教を渡り歩く宗教ジプシーがいるし、ネットワークビジネスでもネットワークジプシーがいます。

知人が昔、「幸運になる○○」の販売をやって大儲けしてましたもんね。「このペンダントを買った途端にギャンブルがつきまくり、女性にはモテモテ」といった体験記付きの、雑誌の広告などに載っているやつありますよね。

ああいった幸運グッズの購入者リストほど、業者にとっては貴重な財産はないと言っていました。マルチ商法や宗教も、リストが高額で取引されていますよね。

会社経営を経験してリスト屋さんと話をしたことが一度でもあれば、みなさん当然知っていますよね。

なぜ高額で売れるのでしょうか？　それは、一度騙された奴は何度でも騙される確率が高いからです。

まだ一度も騙されたことがない人間を騙そうとするよりも、すでに騙しやすいと分かっている人間を、今まで経験したことがない角度から攻撃して信用させて騙すほうが何百倍も簡単で早いからです。

前記の彼が言っていました。「一度買った人に〈さらにパワーアップした新製品〉なんてダイレクトメールを送ると、8割が買ってくれる。幸福になんてなっていないくせに！」

騙され続ける人々も同じで、何度騙されてもそれが学習されず、何度でも騙される。

実際には学習ではなく、脳の中で、騙されやすい回路の強化がされているとも言えます。

その事実を経験則でよくわかっている人間が、悪党の中には山ほどいます。

ダマシ上手な詐欺師や悪徳商法の業者は、目の前に100万円騙し取られた人間がいるとすれば、「それはひどい目にあいましたね。とんでもない奴らだ。お気の毒に。そんな悪徳業者を撲滅《ぼくめつ》したい」などと言いながら、心の中では「いいカモだ。200万は騙し取ってやろう」と考えます。

「それは大変だったね」などと口先では言いながら、「コイツは馬鹿だ。自分はどうやってハメこんでやろう」と腹の中では必ず考えます。そう思わなければプロではありませんからね。

生い立ちが愛情の価値観を狂わせている

金銭面にしろ、男女の恋愛にしろ、正常な感性に欠けていると、危険なワナにはまってしまうケースを多く見ます。アナタの周りにも同じ経験をしている人がいるのではないでしょうか。それくらい最近は頻繁に、様々なところで起きています。

昔は、こんなに騙されやすい人は多くなかったと思うのです。

世の中に、人を騙すことにまったく抵抗感を感じない人間がこんなに増えて、それと同時に、簡単に他人に利用されてしまう人がこれほど増えてしまったのは、なぜでしょうか?

食生活や環境がおよぼした感性の鈍さもあるでしょう。

でも、家族間の人間関係の濃度が薄まったことが主な原因じゃないんですかね。

日本人はもともと、〈恥の文化〉で皆が生きていたので、恥をかきたくない、身内に恥をかかせたくない、そういう考えがつねに根っこにあったと思います。

でも今は、〈自分だけ良ければいい〉、そう考える人が増えましたよね。

そして、そんな人間が親になって子供を育てる機会が必然的に増えています。

幼児虐待による殺人がここ数年で急激に増加しているのは、ニュースを見てもお気づきになりますよね。

だから親子関係でも、子供を愛しているというよりも、自分の都合の良い道具としてしか考えない人が増えました。

本人が愛していると思い込んでいるケースですら、子供を自分の寂しさを紛らわす道具としか考えていないケースも多いです。まぁ、そちらは暴力による虐待の危険性が少ないだけ幾分マシとは言えますけどね。

僕は風俗業界に身を置いていますので、つねにこの問題に直面し、対処しなければならない宿命を負っています。だから一般の教育者よりも、実像を知り得る位置にいると思います。

少なくとも家庭環境が豊かでないとか、まだ40代で働き盛りなのに親がまったく働かず、自分の娘を風俗で働かせてカネを家に入れさせるというようなケースの実態については山ほど直面しており、日々対処していますので、詳しい部分を持っていると自負しています。

これも完全に虐待の一形態です。昔だったら、娘を風俗で働かせるなんてことは分別のある親ならしませんでした。むしろ怒り狂って、監禁してでも止めるのが普通でした。

でも今は、親が積極的に働かせるケースが少なくありません。

この場合には本人たちに「そんなの拒否しなくちゃダメ！」と説教しても、ほとんど効果はありません。

たしかに彼女は苦しんではいるのです。しかし同時に、親にカネを吸い上げられることによって、親から受け入れてもらえるという安心感を手に入れているのです。

これを見ると、〈なぜ貢ぐ女が生まれるのか〉、そのプロセスがよく分かります。

貢ぐことは苦しいのですが、それと引き換えに得られる安心感が捨てられないのです。

そして無条件の愛情を親から与えられたことがないので、そのまま存在していてよいという、確信というか実感が持てません。〈無条件の愛〉と言われても、夢物語のようでリアリティを感じません。

だから無条件の愛情探しに踏み出せないのです。

話はそれますが、実は東大に入る子供の親には共通点があります。

彼らは無理に子供を東大に入れようとはしません。子供に対して、チャンスを提供してサポートは全力で行うと愛情は示すけど、「もし東大に行けなくても愛情は何ひとつ変わらない」と伝えているのです。

だから子供はストレスなく勉強できます。成績が下がったら愛情はなくなると感じている子供は四六時中ストレスにさらされています。

その結果、ストレスと闘えるあいだは成績を維持できますが、大学受験までほとんどは持ちません。

お受験から始まったとしたら大学受験まで12年間、毎日24時間ストレスにさらされることになります。こういった子たちは仮に一流大学に合格できたとしても、人間性が歪むのは当然と言えるかもしれませんね。

ストレスなく選択の自由を得られるときに初めて、好きなことを、親の視線にビクビクしながら警戒せずに探せるようになります。

そうなると、その自由な環境を提供してくれた親の卒業大学が東大であれば、自然に親の後を追いたくなるのも当然なのです。

東大に入る子供の親の出身校は、東大をはじめ一流大学が多いですよね。

東大に入る子供は、その大半が親のことを尊敬していて好きですよね。

親のことを尊敬しているので「格好良い！」と思っています。

だから自分の親みたいな大人になりたい、と思って育つ子が多いのです（ヤクザの親分の子供がやくざになる理由も同じかもしれませんね）。

その想いがないと勉強に身が入りません。親のことや、親の生き方、親の仕事が嫌いだと、親がどんなに一流大学を出ていても「その末路があれかよ⁈」と思います。

そう考えたら勉強など出来ないものです。

ちょっと話がそれてしまいました。

良い親の例は分かっていただけましたか？　その反対の悪い例の話を続けましょう。

なぜ血のつながった娘を利用してシャブリ尽くす親が存在するのかと言えば、僕たちのジャンルで働く子の親の世代がすでに、理想的な愛情のモデルをまったく知らずに育っているんですよね。

その結果、無条件の愛情とはなんだろうかと考える機会も与えられず育ったからだと感じます。親子代々の連鎖が起きているんですよね。

つねに条件付きの愛情で育てられると、自分が誰かから愛情を得たいと思ったときに自分も代償を支払わなければならないと思うようになります。

そのときに目に見えない愛情を提供することよりも、目に見えるものを与えて、その代償として優しくしてもらうことが腑《ふ》に落《お》ちるようになるのです。

しかし分かりやすいので腑に落ちて頑張るのですが、その行為を繰り返しては、いつまでたっても満足感は得られません。心からの納得感や安心感がやってこないのです。そこで不安なのですが、他に手がないので、今まで行っていた行為をさらに強化して行うようになります。

100万円払っても満足できない場合、「200万円払えば望む愛情を得られるのではないか」と感じて、試し始めます。そして、それもうまくいきません。でも他の方法が思いつかないので同じ方法を繰り返します。このワナにハマっている人は男女ともに多いですね。

このワナにハマっている人からの相談のスタイルには、いくつもの共通点があります。その非常に多い1つのケースは、とにかく行動する前に説明を多く求めるということです。

たとえば「愛」という抽象的な言葉の解釈が個々人ごとに異なるように、「こうすれば絶対にうまくいく！」という決まった方法などありません。

そして、経験則からの成功事例によるアドバイスには、言語化できない〈ブラックボックス〉が存在します。そう伝えても「わからない、わからない」と言って動き始めない傾向があります。そして行動をしないので永久に彼らは変わりません。

理屈が分からなくても、動けば何かは変わるのです。

でも自分を納得させてくれる理屈を探して彼らはジプシーになります。

また僕は学者ではないので、Aという心理学者の説に似ている部分があったり、Bという学者に似ている説があったりと、よく勉強している人にはいろいろな理論をごちゃまぜにしたように見えることもあるようです。

ただ僕のスタンスは、実際に使える、という体験の中での検証を経た結果を述べているので、学者さんたちと理論が符合するかどうかはどうでもよいのです。

また、ウソをつかないという点が、単なるライターさんの内容や、事実を言えない立場の詐欺的な人たちとは一線を画しているつもりです。

そのことをよく分かっていない相談者は、言語化できない領域が存在するということがどうもピンと来ないようです。

だから実行する前に理論を納得し尽くしてから動きたいようです。

しかし、それは出来ません。実行して経験を通してしかクリアできないブラックボックスが存在するのです。

これは愛情についてのみならず、他にも言語化できない領域が存在するすべてのことに共通して言えるのですが、納得してから動き始めたいというのは無理なんです。

理想のコミュニケーションのモデルを見つけて、充分に納得してから人と関わり始めたいと思うと身動きが取れません。たいていは親や兄弟を通じてコミュニケーションを学びます。

親同士、親と祖父母のコミュニケーション、兄弟のコミュニケーション、親と他人のコミュニケーションを見て、無意識のうちにコミュニケーションの基本パターンをマスターしていきます。

だから質の高いモデルに囲まれて過ごせば、実例が多ければ多いほど愛情が本当かウソかを見分けるセンサーが磨かれます。

でも育つ過程で周りに良いモデルがないと、というよりも彼らのように悪いモデルに囲まれて育つと、愛情が本物か偽物かを見抜ける〈センサー〉は磨かれません。

曇ったセンサーで愛情を探し、今までの自分の経験と照らし合わせて目の前の優しさが本当かウソかを測るときに、どうしてもモノやおカネを物差しにしてしまいがちです。特に、おカネには強力なパワーがあるので、気をそらすには良い道具に見えるのです。

それが騙され、そして貢がされている人たちの共通する特徴ですね。

生い立ちや育ってきた環境が悪くて、「アンタなんか生まれてこなければよかった」と親から言われ続けてきた子や虐待を受けた子は、大きくなって歪んだ恋愛観や人間関係を持つようになるのはよく知られていますよね。その被害者が僕のジャンルにはたくさんいます。

たとえば、子供のときに親から殴られていた女性は、暴力の中に愛情を感じるといった倒錯的な感覚を潜在意識に植えつけられてますよね。

親から愛されていたというストーリーを自分に納得させるために、「殴られるのは私が悪かったんだ！　殴るのは愛情があるからだ」とすり替えて思い込みます。

そうなると、大人になってからも暴力を振るう男に対して「殴ってくれるほど真剣に自分を愛しているんだ」と解釈するようになるのです。これは本当ですよ。

さらに変形タイプがあります。虐待の「お金ヴァージョン」です。

先日、行きつけの蕎麦屋《そばや》でイヤな気持ちになりました。

ホストに対して、最初は本気じゃなかったけど100万円も売り掛け（ツケ）を作られて「払わなくてどうするんだ！」と叱られたというのです。

嫌な話でしょ。でもこれは日本中で起きている話です。刑法で取り締まれる法整備を切に望みます。

それでも彼女は、「この人は私のことを真剣に叱ってくれる」と思ったというのです。

「適当なつき合いだったら、あそこまで真剣になれないはず」と言い始めるのです。

ここまで感性が歪《ゆが》んでいると少々のことでは治りません。アナタがこういう相手を真剣に好きなったら、相手に共感もできないでしょうし、誠意だけでは治せません。

完全に入院が必要なレベルの精神病ですよね。

男の人の場合だと、親との関係が影響して社会生活に支障をきたすケースがあります。たとえば父親との関係が良くない場合には、たいてい上司との関係がうまくいきません。一時的には依存度が高くなって崇拝したりします。盲目的に理由もなく神様扱いです。理由があって尊敬しているのはかまわないんですよ。組織はカリスマ性のあるトップが率いているのがうまくいく基本ですから。特に中小企業は絶対です。

しかし盲目的に信奉しているような彼らは、彼らへの愛情が減ったと感じた瞬間に激しい攻撃に転じます。彼らにとっては復讐なんです。こんなストーカーにつきまとわれたら大変です。僕も何度か被害を経験しました。

別の形になる場合には、たとえ筋道の通った意見でも、上司から言われると反発してしまうというパターンもよく見受けます。

この回路が入った人は、女性蔑視の傾向を強く持っていることも多いようです。職業差別や人種差別などの差別意識も強いようです。

周囲を攻撃して勝つことによって安心していたいので、弱い者をつねに探しています。アナタの周りにも、こういうタイプはいませんか？　もしかすると、アナタ自身が、このタイプではないですか？

悪いパターンから解放されるには

アナタにも悪いパターンが入っているかもしれませんが、特にひどい例を見ることで、分かりやすい〈解放のノウハウ〉を説明したいと思います。

貢ぐ子を解放してあげるには、いくつかのプロセスが必要になります。

まず常識的な説教やアドバイス、また現状への励ましは絶対にしないでください。彼女も、そんなことは知っています。逆効果にしかなりません。

しかも、それ以上に良くない効果があります。特に現状への励ましは問題が大きいです。辛い日常をもう少しだけ頑張るための、エネルギー補給になってしまうのです。

病院でも、医者や看護婦は、こういうコミュニケーションにすごく気を配っています。患者がリハビリが辛くて甘えてきたときでも、なだめたりするのは絶対にいけないそうです。そうやって甘えるコミュニケーションが有効だと感じると、患者はリハビリをサボって甘えてきます。そうなると回復が遅れてしまいますよね。ですから改善方向に向かったときや、改善に向かう努力をしたときにだけ優しくするそうです。

だから、ほめたり励ましたりするのは、良い方向に向かっているときだけにしてあげてください。

たしかに、そのほうが結果は良いですね。貢ぐ子たちのカウンセリングやビジネスの教育でも良い結果につながると、僕も経験から実感しています。

誰でも理屈や表面的な意識では、今の状態が好ましくないことは分かっているのです。だから、そんな話をしても意味がありません。それどころか、そんな話は今までさんざんされてきているので、その話をする人がプラン提示してくる解決策を信頼できなくなります。

ここで問題なのは、〈無意識〉とか〈潜在意識〉と呼ばれる領域では、一見すると不都合に見える行動にも肯定的な意味を見出しているからこそ、その行動が止められない、ということなのです。

だから無意識では「良い意味がある」となっている繋《つな》がりを切らなければいけません。騙されている男女への適切な対応は、感覚を探す手伝いを一緒にするのがいいですね。彼女自身が答えを見つけられるようにしなければ、常識的な理屈を言っても彼女は現状を変えないでしょう。

単に説教をして論破しても、無意識領域で情報に変化がなければ効果は出ないでしょうね。彼女自身がどちらの方向に進みたいのか、彼女に考えさせて決めさせるべきです。

時間がかかって面倒に思うでしょうし、普通の人が普通にこのプロセスをやろうとするにはエネルギーが必要でしょうけど、最近ではこの分野の先進国のコーチングやNL

Pなどの良い本が翻訳されています。日本での指導はまだまだの感がありますが、情報は良い翻訳書が増えているので独習で場数をこなすのが一番だと思います。

「その行きたい方向を見つけたら、それにはどうすればいいと思うの?」と尋ねていって、答え探しを手伝うのがいいでしょうね。原因分析はしないでください、あまり効果がないので。原因分析で、貢ぐことから解放された女性を僕は見たことがありません。

なぜ貢ぐのかよりも、奪われている状態を我慢している自分から解放される具体的な方法を一緒に探してあげてください。内面からパワーが出てくるように手伝ってあげてください。

バンパイア女は絶対に避けるべし

「つき合いを避けるべきタイプをひとつあげるとしたら……」

いくら美人であろうが頭がよかろうが絶対、長い時間一緒にいたくないというタイプがいます。これはアナタにも避けることをお勧めします。彼女を治せる力がない限りは。

その一番は〈否定的な言葉を言う人間〉です。これは男女ともですね。

人間は自然に肯定的な言葉を言う人と、放っておくとネガティブなことしか言わない人間の2種類ではないでしょうか。

この否定的な言葉を話す人と一緒にいると人生が台なしになります。まず運気が落ちます。元気がなくなり、勇気も出なくなります。様々な創意工夫をする前に、自分の周囲から否定的な人間を排除するか、出来るだけ接する時間を減らしましょう。

でも、こういう人って恋愛でモテないタイプかと言えば、実はあながちそうとも言い切れないのです。人から元気のエネルギーを吸い尽くして奪う〈バンパイアタイプ〉には「類は友を呼ぶ」で集まる人がいるのです。

幸薄いタイプの女性でモテる人が、このタイプだったりします。

人を怒らせるタイプのネガティブな人はすぐに見抜けるし、嫌われるので、誰もが避けやすいですけど、気を引くタイプを好きになっちゃう人っています。

ホストやヒモに騙されるタイプも、これと同類ですよね。可哀想だと放っておけないといった、いわば心の琴線《きんせん》を彼らはくすぐるわけです。

でも絶対に不幸になることは保証します。

アナタ自身がこのタイプならば、周りの人たちを不幸にしています。

それもアナタを大切に思ってくれる人ほど大きな影響を受けてしまいます。

だから人間的に最も嫌いなのが、この類《たぐい》の人たちです。

お願いですから完璧に治るまで近寄らないでくださいね。僕は、それに対処しながら人生を豊かに生きられるほどパワーがないので勘弁してください。

Ⅱ章

男と女のイイ関係・悪い関係

男と女の違いを理解していますか?

「オレの気持ちを全然、彼女がわかってくれない。このままじゃ、彼女とうまくいきそうにない。どうしたらいいでしょうか?」

こんな相談をよく受けます。

多くの場合にはほとんど同じ原因です。

男性は、女の人のようには感情移入しないものです。男はルールがルールだから守りますが、女は好きになる相手によって守るルールを変えるのです。

男は目標を見つけてそれを狩りに行きますが、女は関係づくりがコミュニケーションの目的になります。だから男にとっては焦《じ》れったいときがあるかもしれませんが、それは仕方のないことなんです。

だから、女が何か不満があるときに説得しようとしてもうまくいかないのは、女は理屈を聞きたいのではなく、その話している〈アナタの空気〉を感じたいのです。

それは〈真剣度〉や〈熱意〉です。悪い男って誠意はないけれども、その点だけ特化して上手だったりするものです。それが問題ではありますが……。

したがって、女の人を説得しようとしても逆効果になることが多いですよね。感情を吐き出してからでないと解決策は聞きたくない、という女の人は多いだろうなぁ。でも男の人は、自分の話の筋道が正しいことを女に納得させようとしますよね。

筋道に納得しなければ女が動かないのなら、貢ぐ女なんていないはずでしょ。

もっとも、その分別を持ってほしいと願う局面も多いですけどね。

だから彼女の話が分からなくても、「ふーん、そういう考えもあるんだなぁ」ということだけは認めてあげないと、話さえ聞いてくれなくなりますよ。

それに話を存分に引き出してあげたほうが、こちらの話も正比例して聞いてくれるようになるのは、モテる男なら常識として実感していることです。

「俺はこんなに愛しているんだ！」と言葉で伝えようとする男性はたくさんいます。

しかし現状では、その気持ちが上手に伝わっていないのであれば、伝え方に何の工夫もしないで、単に今まで以上に熱心に語ったところで、彼女には想いが伝わらない可能性は圧倒的に高いでしょうね。

むしろ、そんなにしつこく話していると、うかつな言葉で彼女の心が離れていく危険性があります。それを考えれば、少し黙ったほうがリスクが減ると思います

むしろ、女性の特性を理解していない男の身勝手な会話は、話せば話すほどリスクが激増します。黙っていたほうがよいくらいですね。

自分のことを「俺は面白い人間だ」と勘違いしている人に、僕は必ずアドバイスする

ことがあります。多くの男性は言葉の量を今の半分にして、動く速度、話す速度を半分にすると、大人っぽく見えて、頼りがいがあるように感じられるようです。

早く話すとアセっているように見えて、余裕がないと思われることがよくあります。女性に自信が伝わっていて好印象を与えているのなら、早く話したっていいんですよ。要は、一貫性を感じるか否かの問題ですから。

もっともいけないのは、彼女が話をしているのを聞いて、「お前は何もわかっちゃいないな」と会話を遮《さえぎ》ることです。関係を壊した上に彼女自身の価値を低く見ているときに、そういうことが起きます。どんなに間違っていても、どんなにつまらない話でも、相手が上司だったら話を遮らないですよね。仕事上で時間が限られているときには、無駄で馬鹿な話はすぐに終わらせて本題に入らなければなりませんよ。

でも恋愛関係の中では、男社会のビジネスと同じパターンで会話をしないほうが得られる収穫が多いですよ。

ディベーターなのにモテない人は、このワナにはまっています。ディベーターは頭の良い人が多いと思うんですね。そして本人もそう思っています。だからこそ、「自分のことを分かってほしい」との思いから、女性にもディベート的な会話を仕掛けて嫌われる人が多いのです。正しいか間違っているかは、恋愛にはあまり関係ありません。

でもディベーターには、そのあたりを勘違いして、論破してしまう人が多いんです。

正しいから好きになる、なんてことはあまりないですよね。同性間なら、その判断はあり得ますけどね。恋愛関係の中では、話の内容の質よりも、会話をしていることそのものに価値があるからです。

女性の話は、内容がどうであれ、特に最初はできるだけ聞いて、話を引き出してあげることが大切です。最初からアナタが一方的に話しても恋愛がうまくいくとしたら、話を始める前に彼女はすでにアナタに好意を持っていたのでしょうね。多くの場合には、最初は引き出すことに専念してください。

かといって、話が決着するまで聞く必要はまったくありません。最後まで聞く、一段落するまで聞こうとすると、それもまたワナにはまるかもしれません。女性の会話は終わらないかもしれませんので。

まず聞いてあげましょう。話を引き出してあげましょう。子供と話すときみたいに。

思いはストレートに相手にぶつける

ある会社の社長さんから相談を受けました。

「この頃、妻との関係がうまくいってないんだ。妻に対する愛情も、大切にしたいという気持ちもちゃんと持っている。でも、それがうまく伝わらない。どうすればいいだろうか」

この手の話が、夫婦間の相談を企業経営者から受けるときにいちばん多いです。

「社長さん、今言ったことをそのまま、僕ではなく奥さんに言ってください！」

これで社長の悩みは間違いなく、しかも瞬時に解決します。

そのセリフを奥さんにストレートに言わないで、照れ隠しで強がってみたり、威張ったり、コミュニケーションを避けるからモメているんです。

これは経営者ばかりではなく、普通のカップルでも多いんじゃないでしょうか。

逆に女性からの相談のときにも、この話をよくするんです。「男の人は僕のところに相談に来ると、結構、こんな話をしていますよ」ということです。

問題は、そんな話をどんなに熱心に僕にされても、2人の状況は変わらないということです。

「俺を口説《くど》くな！　女を口説け！」ということです。

「パートナーが自分のことを分かってくれない」と思っている場合のほとんどは、気持ちをストレートに伝えていないですね。

気持ちをストレートに伝えると、かなり高い確率で状況は変化します。

気持ちを伝えるんですよ。感情を伝えるんですよ。「あーして欲しい。こーして欲しい」なんて具体的な行動の要求は、感情が充分に伝わった後にするんですよ。

恥ずかしがっていると男の人は、感情を言わないままに「こうしたほうがいいんだ！」ということになりますよね。多くの人が、そうしているのではないでしょうか。

「○○だと俺は悲しいんだ」

「××だと俺は寂しいんだ」

と伝えてますか？　弱さを見せてもアナタの株は落ちませんよ。むしろ、そこに愛情があるなら評価は上がります。下がったとしたら、アナタは最初から愛されてません。

「○○がうれしい」「愛している」

と伝えてますか？　日本人は苦手ですよね。でも悪党は、これが得意ですよ。

誠実な人たちが苦手なのをいいことに、悪党は言葉巧みに女を騙してますよ。

誠実な人が言葉も添えれば、行動も伴っているのですから強力な武器になりますよ。

だけど経営者さんの相談に乗ると、どうしても年配の方が多いもので、照れて言えないと強硬に抵抗する人がいます。

そんなときに提案するのが、携帯電話やメールでのコミュニケーションです。

「僕は社長さんの会社がうまくいくお手伝いをしているわけです。そして今、夫婦間の問題で先に進みにくい状態に社長さんはなっているという、そういうご相談なんですよね。だったら出来ないではなく、『どうすれば想いを伝えられるか』、出来る方法を具体的に考えませんか？」と伝えます。

その実行の際にも心掛ける点があります。

「メールは短くてもいいから、なるべくなら毎日書いてください。1週間に1回、3行のメールを送るんだったら、1行ずつ3度に分けてこまめに送ってください」

しかし、ここで問題が起きるときがあります。突然思いもよらないメールが届いたので、奥さんがいぶかり、浮気でもしているんじゃないかと勘ぐるケースがあるのです若い世代にはそんな反応はないのかもしれませんが、結婚以来何十年もしたことがない優しさだと、受け入れる側も素直に受け止められないのです。

この場合の解決法も、ストレートに正直に伝えてください。

「後藤君に叱られたので、これからはきちんと自分の気持ちをキミに伝えようと思って」と、僕のせいにして告白すればいいだけのことなんです。

「もし、奥さんがそれでも信じてくれない場合には、僕が直接説明しますから」と、社長さんにはアドバイスしています。

見返りを期待しない愛情は2乗倍になって返ってくる

よく見られるのが、男女間で関係を改めようとしたとき、「自分が変わったのだから、お前も変われ！」というスタンスを取る、そんな間違いです。

せっかく心掛けが良くても、このスタンスではかえって新しいトラブルの原因になってしまいます。アナタが変わったのは、アナタが「そのほうが関係が良くなる」と思ったのですよね。だったら、相手が変わってくれなくて当然、変わってくれたらラッキーくらいのスタンスでないといけません。

「俺が変わったのだから、お前も変われ！」というのは不当な脅迫ですよ。押し売りですよ。「ご近所はみんな買ってるんだから、お宅も買いなよ！」と押し売りが来たらどう思いますか？　ヤクザが「近所はみんな払っているんだから、お宅も払ってくれよ！」とカネを要求してきたらどうしますか？　警察に行くでしょ？　そういう要求をしているってことですよ。

また、そのセリフは言わなくてもパートナーには伝わっています。

強制してしまったせいでかえって意地になって、反発するのはよくある話です。

それも当然で、その行為は最初から誠意ではなく、してあげるフリをしながら相手から奪い取ろうとする行為に他ならないからです。

こういうパートナーいませんか？　職場に、こういう同僚はいませんか？

こういう同僚って嫌な感じしますよね。恩着せがましいというか、「こいつに世話になるくらいなら全部自分でやる！」と思うような人間いますよね。

それよりも、アナタが「パートナーが喜んでくれるとうれしい」という想いだけで行動すれば、パートナーは、その想いの2乗の想いを返してくれます。

もしも返してくれない相手なら、離れれば、もっと良い理想の相手が見つかります。

まぁ、離れられない人が多いのですが……。

僕は学者さんじゃないので、運気や波動の話みたいに、目に見えない、でも経験則から、あると考えたほうが物事がうまくいく、そんな話をしたいと思います。

パートナーから反発を受ける場合にはたいてい、アナタが押し売りになっています。

本当に押し売りでないのに反発される場合には、その相手とは離れたほうがよいというサインです。


ここで注意点があるのですが、愛情の表現の仕方で、先ほどのメールを奥さんに送ったときのように、滅多にやらないことをすると最初は疑われてしまうことがあります。

今までまったく愛情表現をしていない場合には、「受け入れたいけど、一度受け入れて信じてしまって再度裏切られると大きく傷ついてしまう」、そんな予測を彼女はしているのです。

それなら最初から信じないほうがよい、そんなディフェンスをするケースがあります。

そういうケースはアナタが想像するよりも頻繁にあるんです。だから激しい抵抗に見えても諦めないでください。その攻撃に負けてやめてしまうと、アナタが彼女に愛情を表現したいと思ったのは事実なのに、彼女は「最初から愛情がなかったんだ」と責めたりするのです。

でも、たとえ愛情があっても、最初のころの熱意ほどには努力が維持できなくなることはありえます。だから前もって「今は後藤君に叱られて熱くなっているから、メールをずっと続けていこうと思っているが、忘れるときがくるかもしれない。だけど、忘れているときも決してキミに対する気持ちがなくなったわけじゃないことを覚えていて、僕に『寂しいなぁ』と言ってくれ」と、あらかじめ相手に伝えておけばいいんです。

先に断っておけば、だんだん忙しくて連絡が少なくなっても、誤解や揉めごとの原因にはなりません。女性はコミュニケーションのパイプを切らなければ問題は起きません。そのうえ「寂しい」と感情を表現してくれれば、アナタも可愛いと思って改めてコミュニケーションを取りたくなりますよね。そうならないのなら、アナタの愛情はもう本当は冷めていますよね。別れることをお勧めします。

感情を表さずに「やっぱりあれはウソだったのね」と責められてしまうと、男のほうもヘソを曲げてしまいますから、それを前もって防いでおく必要もありますよね。

しっかり伝えていたのに、「やっぱりアナタはウソつき」と言われたら、その女性からは離れたほうがよいかもしれませんね。問題は、実際に電話をしたりメールを送ることよりも、「本当に気持ちがあるのか?」というポイントだけです。それを信じられれば問題は起きません。

松下電器の創始者、松下幸之助翁が、たしか次のような意味合いの至言を残しています（詳細間違っていたらごめんなさい）。

「お金を稼ぐのは簡単だ。社会に大きな価値を生み出せばよい。その10分の1ぐらいが自分の懐に入ってくる。だから収入がもっと欲しければ、もっと大きな価値を生み出せばよい」。この言葉を聞いて、男女関係へのスタンスそのものだなあと思いました。

男と女の間でも、自分が相手に提供したものが一部だけ返ってくると思っていれば、責める気持ちは起きがたいですよね。実際には、アナタに相手から奪い取ろうと思う気持ちがなければ2乗で返ってきます。返ってくるのは必ずしも相手本人からとは限りませんけどね。

これも松下翁の話と同じだと思います。価値を生み出せば目の前の人が必ず今までの倍の金額で買ってくれるようになる、という意味ではないですよね。巡り巡って返ってくる、そういうことだと思うんです。

ただ相手はしっかりと見極めないといけません。アナタがもしもキャバクラに行っておカネを散在したとしますよね。「これだけ使ったんだから大きく返ってくるだろう！」と思っても、アナタも見返りとして相手を抱きたいと思っただろうし、向こうの優しさも原則的にはカネが目当てですよね。カネがなければアナタとは口もきかないですよね。

この関係の中では2乗では返ってきません。それどころか運気が無駄使いされて減っていきます。

不誠実な相手にカネをつぎ込むのは、スポーツや武道でのダメなトレーニングと同じで一生懸命やればやるほどアナタの骨格が歪んでいったり、体や精神を壊す原因になります。

下手な練習ならいいんです。一生懸命やりさえすれば、いずれは今よりは上手になるからです。

しかし、ダメなトレーニングは百害あって一利なしです。

不誠実な相手に想いを注いでもカネを注いでも、害になる種を撒いているだけになってしまいます。

欲しがり女・オネダリ女に愛はない

「彼女がエルメスのバックを買ってくれ、ブルガリの時計が欲しいと、次々とモノをねだるんだ。カネはかかるけど、彼女は俺を愛しているし、できる限り期待を満たしてやりたい」という知り合いがいます。彼の言葉通りではありませんが、要約するとこういう意味です。

こういうケースの場合には、いくら彼女の要求を受け入れても、たいていい待っているのは「カネの切れ目が縁の切れ目」です。高価なプレゼントを求めてくる。これは恋愛対象としては見ていない典型的な証拠ですよね。

通常、女は物よりも関係そのものを重視します。誠意があれば、互いの結びつきを感じる品物は欲しがるかもしれません。しかし、それがつねに高価な物というのは金ズルと思われている明白な証ですよね。

アナタが本当に心からプレゼントしたい品が高価なものだとしても、それは別にかまわないのです。でもアナタが苦しい思いや辛い思いをどんなにしても、その思いが彼女との関係づくりにつながっていなければ何の意味もありませんよね。

彼女が欲しがっているのがアナタとの結びつきの証明だと断言できない物はすべて、プレゼントそのものが目当てです。アナタの想いなんてどうでもよい。むしろウザったくて迷惑だと思われています。

商売なのですから、カネが目当てなのは責められるべきではないと思います。ただし、額面に著しいウソがある場合には問題が起きます。

欠陥住宅を売りつけられて、「問題が発覚するまでは楽しく暮らしたんだからいいだろう！」と開き直られたらどう思いますか？　詐欺が言うことは、そうですよね。

ホストもホステスもやっていることはお芝居です。だからといって、役者が責められるべきではないのは演じていると伝えてあるからです。そして支払う対価が妥当だからです。

でも水商売では、時に支払う対価が身代を持ち崩すレベルにまで至ります。もちろん騙されるほうもバカだと思いますが、情報の操作が極端にひどいケースが多いですね。

アナタのプレゼントは、彼女に気持ちがあることを前提としているんですよね。

でも残念ながら、気持ちがある場合にとる行動があり、気持ちがない場合にとる行動があります。プロファイリングのように絶対的なパターンがあるのです。誠実なときのパターンにはまらず、不誠実なときのパターンにはまっている行動からは、相手がウソをついていると判断せざるをえません。誠実なパターンにははまらないが不誠実なパターンにもはまっていないときには、彼女が不器用なのかもしれないし、一応の結論が出るまでの過渡期なのかもしれません。

でも、不誠実だと明確になっているのに、「彼女はこう言ってくれた」なんて主張をする人は滑稽《こっけい》にしか見えません。

気の流れを意識すればいい関係が築けます

ほめたつもりが、相手が嫌な感情を持ってしまう。男女間ではよくありがちなコミュニケーション上の誤解ですよね。

生活が最近乱れている彼女。彼女のことを心配して注意をしたつもりが逆ギレされてふたりの仲がおかしくなった。これも最近よく聞くトラブルです。

「だから女心はわからない」というのは、前述したように男の陥りやすいワナです。

このようなチグハグなコミュニケーションは、どうすれば改善できるのでしょうか。

知人の気功の先生が面白いことを教えてくれました。気功などというと胡散臭《うさんくさ》いと思う人がいるかもしれませんが、けっこう興味深かったですよ。ためになる話も多かったです。

その先生が、〈叱る・ほめる〉ということについて面白いことを教えてくれました。

〈気〉という観点からいうと、人間がいちばん能力を発揮できるのは、〈気〉が上がったり下がったりせずに、真ん中にある状態だそうです。この真ん中に落ち着いている状態のときが体調もベスト、脳の思考もフル回転だそうです。裏を返せば、〈気〉が下がり過ぎていたり、上がり過ぎていたりすると、本来の実力が発揮できなくなってしまいます。

だから子供や部下の指導の際には、〈気〉が下がっている人は上げてあげる。上がり過ぎている人は逆に〈気〉を下げてあげるように接するのがコミュニケーションのコツだそうです。

〈気〉を下げる、上げるなんて言っても、雲をつかむような話だと思う人が大半かもしれません。得体の知れないオカルティックなものと感じる人もいるかもしれません。僕も「見えるのか?」と言われると見えませんよ。

しかし、そうむずかしく考えなければ、ある程度、雰囲気でわかる気がしませんか? 錯覚かもしれないけど。

〈気〉が上がっているときには、重心が上のほうに来ていて安定していない。浮わついている。

落ち込んでいるときには、落ち着いているときと異なり、重心は下のほうにあるけれどバランスが崩れている。こんな感じで僕は見ています。

だから重心が上がって浮わついているときには慢心《まんしん》しているので、その重心が下に向かってバランスが取れる状態にしてあげる。これが〈叱る〉こと。

重心が下のほうにあるけれどもバランスが崩れているときには、上に重心を向かわせてバランスを取り戻させてあげる。これが〈ほめる〉ことだと解釈しています。

だから話している言葉だけで〈ほめる〉〈叱る〉は語れないと思うのです。

上がっている〈気〉を下げてやることが出来れば、極論すると、叱る言葉は要らないわけです。下がっている〈気〉を上げてやれるのなら、ほめ言葉を使う必要は必ずしもないのです。

そしてバランスが大切なので、上がっている〈気〉を下げるにしても、落ち込むまでやってはやり過ぎなのです。逆も同じです。

子育てが下手な親や、部下の指導が苦手な人と接すると、「私はほめたんですけど」「叱ったつもりなんですけど」という人がけっこういます。

アナタも職場や部下の指導で、そういう言い訳をする人と話したことはないですか？

本人がほめた、叱ったと思い込んでいることよりも、結果的に出来たのか、出来なかったのか、それは結果からしか判断できません。

でも、目の前の相手の崩れたバランスを調整するサポート行為なのだ、と考えるとけっこううまくいきます。僕も使ってます。

達人になると、心の中で思っただけで〈気〉の上げ下げができるそうです。本人いわくですけどね。

彼女をよく見ないからクチ喧嘩になる

しかし、凡人の我々は、〈気〉を自在に操るなんてことはできないので、やっぱり言葉や態度、身振り手振りなどのボディランゲージを通じて叱ったり、ほめたりして、適切に気を動かしバランスを整えてあげることが重要になるでしょう。

お互いが〈気〉を中心に保てる、バランスの良い関係が理想的な関係ですよね。

話すだけで元気になったり、勇気づけられたり、活力が湧いている。これが理想のコミュニケーションであって、理想の男女関係ですよね。人は往々にしてこの逆をやってしまいます。

パートナーと仲違《なかたが》いや喧嘩になるのも、相手の〈気に障《さわ》る〉ことを言ったり、やったりしたことが原因になっていますよね。たとえ本人は良かれと思ったとしても。

たとえば落ち込んでいる彼女に怒鳴《どな》りまくって、よけいに〈気〉を下げてしまったり、いい気になっている彼女をほめまくって、増長させてしまったり……。

ミスを犯した、やる気がないといった人間を、ただ叱るだけというやり方もダメなら、おだてあげるだけでもいけません。相手の状況に応じて使い分けられる人が、恋愛に限らず、コミュニケーション上手と言えるのではないでしょうか。

歯車がピタリと合っていてはじめて、叱ることも、ほめることも効果が生まれます。

しかし、これがなかなかできません。管理職も親も、彼氏も彼女も、たいていの人が相手の〈気〉を上げてやらなければいけないときに叱り、下げてやらなければならないときにほめてしまう。

なぜ、こんな裏目の対応をしてしまうのでしょうか？

それは相手のことを見ずに、単に自分の一時的な感情だけで対応してしまうからです。

そうでない場合には「これをしたから悪いので叱る」「あれをしたから良いのでほめ

る」という、事前に決めたパターンでの対応しかしていないですよね。

いずれにしても、コミュニケーションの中に相手がいないのが問題なのです。

したがって、彼女と「いつも言い争ってしまう」などの決まったパターンがある場合には、アナタか彼女のどちらかが、何か固定化されたパターンを持っています。

その問題を男の人が抱えているケースが多いですけどね。女の人のほうが柔軟性があるから。男が治したほうが良いケース、多いです。

〈気〉の上がり、下がりや、重心のバランスなど分からないと思うかもしれません。でも「今、こんな状態かな?」と、参考材料として考えるだけでもかなり大きな違いが出ます。僕も効果が出ましたし、お手伝いさせていただいている会社では結構うまくいっています。それらの会社では、ほめたり、叱ったりするときに、一時的な感情をぶつけてしまうケースが減ったとよく耳にします。

〈気〉などという目に見えないものがどうなっているかは分からなくても、瞬間的に感情をぶつけなくなるだけでもコミュニケーションには非常に有益ではないでしょうか。

心から彼女を大切に思って接していますか

ほとんどの人にとっての悩みといえば、大半が人間関係に関するものだと言います。

人間にとって、これほど難しいものは他にないでしょうね。

特に男女間では、それぞれの無意識に反応する固有のパターンが違うのでさらに難しいですよね。親身になって相手の立場で考えても、「自分だったら、こうする」という推論が外れてしまいます。

ましてや育った地域が違うと、それだけで誤解が倍増します。日本国内でも東京と地方では文化の異質さはかなりありますよね。僕も仕事で全国津々浦々に行くのですが、日本国内でも時間をきっちり守る地域もあれば、約束の時間に起きて、それからシャワーを浴びて、ちょっとお茶でもしてから出てくるような大らかな地域もあります。

外に行くにも鍵もかけない。隣の家に醤油や味噌を借りにいって、留守なら勝手に上がりこむ地域だって今でも存在します。都会では、こんなの考えられませんよね。

日本国内でもこれだけ価値観の差があるのに、世界レベルだったら想像できないほどの差があるんでしょうね。

でも、そんなときにも問題を解決できる方法はあります。これはある世界的に活躍しているコンサルタントの方から教えていただいた話です。

その人は、世界中に支店を持つ会社の元副社長というキャリアの持ち主です。

そうすると世界中を周って、様々な国の様々な文化の人たちと会議をすることになります。業績が思わしくないときには当然、不都合なことも言わなければなりません。

そんなときに誤解がないようにコミュニケーションするのはどうしたらよいのか尋ねたら、「それは簡単です！」と即座に答えてくれました。

「私はすべてのスタッフに、『私はアナタを愛しています。アナタは私にとって特別な存在です』と伝えます。一人一人に。それが伝わっていれば、文化の違いは何の障害にもなりません」と教えてくれました。まさしく至言、極意ですね。

相手との契約を打ち切るなどの、最後通牒を言い渡さなければいけない場合も時にはあります。それも、宗教も文化も様々、環境も全部違う国の人たちが相手です。

仲良しごっこではない、真剣勝負のコミュニケーションを日々求められるのです。想像しただけでも容易ではないですよね。でも彼は、それを簡単にこなしてしまうのです。

業績が上がらないときには、

「私はアナタを愛しています。そしてアナタは私にとって特別な存在です。でも今のままの業績が続いたら、アナタと仕事を継続できなくなってしまいます。経営とは、絶対に利益を上げ続け、成長し続けなければいけないという宿命を負っています。だから今まで結果につながった多くの国の参考事例をアナタのために提供し、アナタに対してアドバイスする用意が私にはあります。でも結果を出してもらえなければ、会社はアナタとの契約を打ち切るでしょう。もう少し一緒に頑張れないでしょうか？」

そう伝えることで彼は「一度たりとも、こちらの気持ちが伝わらなかったことはない。

揉めごとは一度もない」と断言していました。彼なら本当でしょうね。

会社の副社長という立場ではなく、1人の人間が1人の人間に対して愛をもって真剣に話をしているのが伝わるからです。

これを文章にしてしまうと、他の本にも書いてあるような月並みな話に聞こえてしまうかもしれません。でも彼からこの話を聞いたときに、僕は不覚にも泣いてしまいました。世界レベルの人の人間性を感じたからです。日本人は「カネ持ちは姑息《こそく》に動いている」と勝手な憶測をすることが多いですよね。そして事実、残念ですが、日本人の経営者にはそういう人も多いです。でもいちばんパワーがあるのは「愛」かもなぁ、と思った経験でした。

男は〈方向性〉、女は〈関係性〉で考える

彼女との関係にしろ、職場での人間関係にしろ、誤解が生じる根本的な原因は最初の人間関係づくりがうまくいっていないことです。

人間関係を上手につくっておけば、少々の誤解も誤解として時間的な猶予《ゆうよ》を互いに与えられます。

悪意で行われたことなのか単に価値観が違うのかを、双方ともに確認しようと努力す

る余地を残しておくという意味です。これは僕の会社でも同じです。

本当に人間関係づくりがしっかりしていれば、ほとんどの問題が解決します。悪意で行われたのでなければ、怒っても仕方がありませんものね。互いに別の価値観の人間が存在するという事実を認めるしか手がありません。

たとえば、あなたが彼女を思いやって行ったことが、彼女の価値観に反していたとします。ここで人間関係ができていないと、アナタのことを無神経な人間と思い、忌み嫌うでしょう。

しかし最初に関係づくりができていて、アナタが彼女を大切に思っている想いが彼女に通じていれば、「これは私の価値観では失礼だと思う」と感じたとしても、いきなりアナタとの距離を遠ざけようとは思いません。むしろアナタが他で同じ間違いを犯さないように注意して改善してくれるのではないでしょうか。

外国人に友達が多いと、実際に、この手のコミュニケーションは頻繁に起きているのではないでしょうか。彼らが絶対に悪意がないことは確信しているので気にならないけれども、日本の社会では失礼なことを外国人であるがゆえにしてしまう。こんな光景はよく目にします。また再び同じことを他でやってしまうと彼らが誤解されてしまうと思ったときに、アナタはアドバイスをしてあげるのではないでしょうか。

男性と女性の大きな特性のひとつを端的に述べると、男は〈方向性〉で物を考えて、女は〈関係性〉で物を考えるといえるのではないでしょうか。

男は物事を、どこに向かっていくのか、〈結果〉で考えます。でも女は、〈プロセス〉で考えることが多いといえると思います。もちろん個人差はあるとしても。

どちらが正しいというのではなく、そういう傾向があるというだけです。良い悪いではありません。でも、この点に注意しないと、相手のことを親身に考えてもすれ違うときが多くなります。

女性社員に残業を頼むのに、上手な人とダメな人がいますよね。アナタのオフィスでも同じではないですか。

馬鹿な上司は、その仕事が出来ないとどれだけ大変であるか、仕事としていかに意義があるかなどを話して説得しようとします。でも女性には、そんなこと、本当は関係ないですよね。

でも上手な上司は、日常的に人間関係を丁寧につくっています。だからお願いをするだけで話が通ります。助けてあげたい人物に前もってなっておくのです。

それ以外に、女性から賛同を得られる方法は本当はないですよね。

男には仕事の意義での説得は、まあまあ効果が上がります。

それほど意義のある仕事を処理した結果として、評価が上がることを感じ取ってもらえれば。でも女性は、たとえ意義のある仕事だとしても、嫌いな人間を助けるのはイヤなんです。

女性は好きな人間が何かに意義を感じていれば、その人間を好きだからという理由で、その人間の守っているルールも同様に好きになります。この人間関係づくりを事前にしっかりしていないと、ほめても逆効果にしかなりませんよ。

ほめることで人間関係づくりをしようとしても、多くの場合、コミュニケーション能力に問題がある人間は失敗しています。コミュニケーションが上手な人間はそもそも、相手に受け入れてもらえそうにないときにはほめません。ウソ臭いのがバレるのを知っているんですよね。

リアリティをすごく大切にするので、ゴマすりのようなお世辞は言いません。しかし心から感じたときには素直に言葉にします。それが結果的に、ほめ言葉になっているんです。

ひとつの行動に対するほめ言葉を成功させるには、その裏に笑顔で微笑《ほほえ》みかけたり、「おはよう」と挨拶《あいさつ》を交わしたりと、多くの前提が必要になります。

この下準備が出来ていない人間がいくら部下や子供や彼女をほめても、行動の要求にしか聞こえません。

「もっと働け！　という意味なのか？」という解釈になってしまっているのに、アナタも気がつくのではないでしょうか。

女を輝かせる男、魅力の光を消す男

女のパワーはすごいですね。僕も出来ることなら、女性を中心にして、女性のパワーを借りて経営できる業種業態でだけ、すべての仕事をやりたいと常々思っています。

でもやっぱり、女性がパワーを発揮するのも、パワーの芽を摘《つ》み取るのも、きっかけは男が原因になっていることが多いですよね。モテる人からは「そうだ、そうだ！」の大合唱が聞こえるようです。

ぜひアナタには、女性がパワーを発揮するきっかけになっていただきたいです。

芽を摘み取るなどということは、夢にも行っていただきたくないですね。

僕の知人でも、好きになった男性からのサポートで30代半ばから勉強を始めて、弁護士を目指して大学に通っている女性がいます。

もともと頭の良い女性なのでしょうが、受験勉強から離れて20年以上も経っているのにすぐに合格した上に、現在通っている大学での成績はほとんど「優」をとっているとのこと。

そのきっかけはやっぱり、良い男との出会いですよね。

自分を磨くきっかけになる男と、魅力の火を消す男がいるというのは、女性だったらものすごく実感できるのではないでしょうか。

つき合った女性の魅力を自分だけの所有物にしたいために、パートナーをコントロールしようとする男性がいます。その魅力を封じ込めようとするのです。

成長するための機会を奪ってしまって、自分の元から去ってしまわないようにして安心したいんでしょうね。

でも、そうやって魅力の火を消していったら、パートナーはまったく魅力のない女性になってしまいます。

そうしてパートナーの魅力を消してから、男は浮気を始めたりします。その攻撃に無意識に気づく女性は、外に出て浮気をしたりします。結局は堂々めぐりなんですよね。

また、男は女性が自分よりも優秀な部分を持っていると、それを怖がったりします。

でも女性は、優秀さを認めて伸ばしてくれる男性を下に見たりしません。

器が大きいと感じるだけです。

だから女性が魅力的だと思ったら、優秀さに気づいたら、それを伸ばすサポートをしてあげてください。アナタの能力が彼女と比べて劣るとしても、それを認めて、「助けてくれ」と言える男性を女性は軽んじたりはしません。

つき合い初めた頃よりも今のほうがパートナーが魅力を失っていたとしたら、アナタの罪はかなり重いです。

結婚してから奥さんが太る例ってよくありますよね。出産とかいろいろ仕方のない事情があるかもしれません。でも、スタイルが全然変わらない女性もいますよね。そのスタイルが崩れる人と、スタイルを維持する、それどころか出産前よりも良くなる人たちのいちばん大きな差は、旦那さんに魅力があるかどうかではないでしょうか。旦那さんの真の好みが太った女性でないのなら、女性は魅力の維持に努力しますよ。もしもアナタが魅力的なら、そしてアナタが好きな女性のタイプが太った女性でないのなら、女性は太りませんよ。特別な病気などがない限りは。

女性は関係づくりが最初に重要ですから、その関係づくりのためにスタイルがすごく大切な要素だと思えば頑張ります。

男は、何が欲しいのか方向性が決まってから、「だからアイツとは仲良くしておかなければなぁ」と関係性を考えますよね。

女の人は逆なんです。関係性が先にしっかりしていれば、方向性の示唆《しさ》は容易です。スタイルだけに限らず、もしも結婚して奥さんが輝きを失ったとしたら、少なく見積もっても半分は旦那の責任ですよ。

旦那がいい男なら、奥さんも素敵な女性になります。だから「ウチの女房はダメだ!」と言っている旦那さんは、まずアナタ自身から良い男になってください。

男を磨く女、男の光を消す女

まぁ、女を磨く男というのは話しましたが、当然、その反対もいます。男を〈磨いてくれる女〉と〈光を消す女〉です。

僕はこんな仕事をしているものですから、「心理学を学びたいけれど、どんな本がいいか教えてくれませんか?」という質問をよく受けます。

そんなときに推薦する一冊の本があります。『水からの伝言』（HM総合研究所・江本勝著、波動教育社刊）です。

題名からもわかるように、この本は心理学の書物ではありません。しかし、心理学の勉強の前にぜひとも読んでほしい本なんです。

『水からの伝言』はひと口で言えば、世界で初めての水の結晶の写真集です。様々な状況下での水の結晶が掲載されていて、それぞれに簡単に解説がついています。

この本の内容が、世界観を変えるインパクトを持っていました。少なくとも僕にとっては。信じない人にはダメでしょうけど、こういうのは本当だろうなぁ、と思わされちゃいました。

たとえば、「ありがとう」とご飯に感謝の言葉をかけます。そうするとご飯の中の水分はきれいな結晶になって、香りもよくなるそうです。逆に、「ばかやろう」と罵詈雑《ばりぞう》言《ごん》を吐くと、水の結晶が崩れ、真っ黒に変色して、腐敗しやすくなるそうです。

僕は専門家ではないので、なぜこんな現象が起こるのか説明はできません。言葉の持つ波動、つまり音の波の影響というのが著者の主張です。僕たちの耳に心地よい言葉や聞き苦しい言葉があるように、水にも悪い影響と良い影響を与える言葉があるのだそうです。

なんだか突拍子もない理論のように感じられるかもしれません。でも「そういうことが起きても不思議じゃないなぁ」とは、アナタも経験から思いませんか?

これが事実だとすると、人間の体を構成する細胞の成分はほとんどが水なのですから、人間も大きな影響を受けますよね。だって体の70%以上が水分ですもん。

ののしられれば嫌な気分になり、人から認められればうれしいですよね。

こうした感情の変化も、体内の水の結晶の変化も関係していると考えられないでしょうか。

そうだとすると、いい加減な言葉を人に投げかけることって怖いですよね。

知らず知らずのうちに相手の体内の水の結晶を歪めてしまったり、きれいな結晶に作り替えたりしているのですから。

それはもちろん相手だけでなく、その情報を発信している自分の体内の水の結晶も、相手の言葉によって影響を受けているってことです。なかには結晶をきれいな形に整えてくれる人もいれば、壊し続ける人もいます。

自分の周囲の大切な人たちの水の結晶を壊す破壊者にはなりたくないですよね。ポジティブな言葉で生きていくには、つねに自分がポジティブな気分でいることが大切ですよね。だから僕は、努めて明るい気持ちで人に接するようにしています。でも、それ以上に、自分の水の結晶を歪めるような相手をつねに避けるようになりました。

文句が多い人、愚痴《ぐち》ばかりの人、後ろ向きのネガティブな言葉をいつも話す人。こんな水の結晶のデストロイヤーはなるべく避けたいですよね。彼らは、彼ら自身と彼らの周囲の人間を分子レベルで傷つけているのです。

こういう人を周りに置かないようにしてください。もしも大切な人ならば、変化するように働きかけてください。変わらなければ関係を解消することをお勧めします。

愚痴っぽい人や否定的な言葉しか言わない人間は、自分で自分を痛めつけ、ダメにしています。その結果、彼らはさらにネガティブな状態を自分でつくっています。

男は、女の人がつねにポジティブな考え方でポジティブに話してくれていると、すごく楽になります。そして自分を磨くエネルギーが充填《じゅうてん》されます。

逆に、ネガティブに話されるだけでエネルギーは枯渇《こかつ》していきます。

眠っても眠っても疲れが取れないような人は、周囲にネガティブな言葉を使う人がいませんか？　もしいたら、その人と離れてください。

いちばんダメなのは共倒れです。相手のことが大切だと捨てられない、離れられないという人がいます。でも今のままの関係を続けていると、相手が倒れたら自分も倒れてしまうのではないでしょうか。

離れることは不誠実ではありません。相手が倒れても自分が無事であれば、相手に、その時点から手を差し伸べるかどうか選べるからです。

最悪の選択は、一緒にいて共倒れすることです。誰も助けられる人がいなくなってしまいますから。

こんな話を聞きました。火災現場に駆けつける消防隊員にとっては、自分が生きて帰ることで1人助けたことになるそうです。

同じように、まずは自分自身が生き残ること、そしてさらに生き残った状態から成長していくことです。それを妨げる人との関係は今すぐ解消してください。

その男性にとっていい女性、その女性にとっていい男性を、水の分子の結晶の視点から捜しましょう。水の結晶をきれいに形成してくれる人となら一緒にいたいですよね。

お互いが相手の水の結晶をきれいにできる関係、これが理想的ないい関係ではないでしょうか。

心理学に興味のある人もない人も『水からの伝言』をぜひ、一読していただきたい。
アナタの女性とのコミュニケーションに対する考え方が変わると僕は信じています。

Ⅲ章

たったこれだけでモテる男に変身できる

モテる男とモテない男の格差が広がってます

モテる男になるための具体的な話に入る前にまず、現実を認めてほしい、しっかり覚悟してまるで幻想みたいな願望は諦《あきら》めてほしい。これが僕のお願いです。

昔は一生懸命勉強するとか、カネ儲けで頑張れば、ある程度はモテるようになりました。しかし、それはもう現代では通用しません。高学歴でもモテない人や、カネ持ちになったのにモテない人には納得できる情報でしょう。おカネを散在してモテる幻想に浸っていたものの、モテない事実に直面してしまった社長連中には耳が痛い話でしょう。モテない男性はよほどの覚悟をしないと、生涯、女性に縁がないままで人生を終わってしまいますよ。

モテないところから〈逆転〉した人たちが、モテるようになった一番の原因は、この覚悟ができたからです。心理学のノウハウ本を読んだり、横入りでズルをして今の自分を少しだけ修正すれば事態が打開できるかもしれない、そんなのは甘い幻想です。〈自分を変えられた人間〉だけが現状を打開できるのです。

人口比率では男が女よりも多くなっても、モテる男が今まで以上に偏《かたよ》ってモテるだけです。その反対側で、モテない奴はまったくモテないという現実を認めてください。今だって正直になるなら、事実はそうなっていると分かりますよね。

モテる男は取り合いにはなります。でもモテない男は完全無視です。女は「モテる男の3番目か4番目の女になるか」、もしくは「モテない男の女房になるか」という選択肢ではたいてい前者を選びます。

過疎化した地域は今、嫁が来なくて全国的にものすごく悩んでいます。

国立社会保障・人口問題研究所が発行した『都道府県の将来推計人口(平成14年3月推計)』という資料によると、2030年時点で2000年に比べて人口が増えるのは、東京都、神奈川県、滋賀県、沖縄県の4都県のみです。また、人口減少が1割未満にとどまっているのは、宮城県(仙台市)、茨城県、栃木県、群馬県、埼玉県、千葉県、山梨県、長野県、愛知県、京都府、奈良県、兵庫県、福岡県だけです。

東北では宮城県だけ、それも県内では仙台に寡占化《かせんか》して人が増えているので、宮城県内全域で見ると過疎化地域は存在するそうです。九州でも、福岡県内でさえ過疎化地域は存在するそうです。

女性は、結婚に魅力を感じる人がいれば田舎に残る決意をします。でも魅力的な男性がいなければ、例外なく都会に出て行きます。

地方都市は環境的にも、今まで以上に大きなハンデを負うことになります。

それにひきかえ、女性は、昔よりも実は恋愛のチャンスは増えています。

まず美の価値観が変化してきています。今、タレントで人気がある子でも、10年前にはタレントとして人気は出なかったというタイプの子が増えていませんか？普通っぽい子も多いですよね。そういう子がタレントとしてデビューすることによって〈美の認識〉が大きく変わりました。

そして価値観が細分化されて、その価値を受け入れることに素直になれる人が増えています。アダルトビデオを見ると分かるのですが、熟女モノの企画には40代はもちろんのこと、時には60代の女優もいるようです。

僕は風俗業の経営者でもありコンサルタントでもありますので、業界事情には詳しいのですが、40代の女性がいることを売りにしているヘルスは大盛況です。「熟女ヘルス」っていうんですけどね。AVでは実はもっと前から、カテゴリーとして安定的に確立していました。アダルトビデオは社会の縮図です。ニーズがあるからビデオが売れるのか、ビデオが性的な社会ニーズを作っているのか、それはこの際問題ではありません。

火種が世の中になければ、どんな企画もカテゴリーを作るほどにはならないものです。もしもアナタが若い子がいると期待して入った店の女性が年をとっていたら、これは裏切りだと思うでしょう。そんな店は流行《はや》りません。

でもコンセプトとして熟女を前面に押し出せば、それに共感した顧客はこぞって来客するので、店は大盛況になります。

また「デブ専」というタイプの店があります。そういう店には体重制限があったりします。たとえば80キロ以下になってはいけないという制約があったりするのです。なかには体重計を用意している客までいて、「乗ってみろ！」と命令されて80キロに満たない体重だったら烈火のごとく怒り狂います。

「ふざけんな！　こんな70キロの痩せっぽっちをよこしやがって！」てな感じで。

痩せっぽっちって、アンタ……。

とにかく、世の中は細分化した自分のニーズに正直になっています。

誰もが本当の自分のニーズに素直になった結果として、「理想を少々下げれば大丈夫」、そんな時代は終わったのです。アナタにとっては妥協だと思う女性でも、誰かにとってはストライクゾーンのど真ん中なんです。

つまり、アナタにはもうチャンスはないということです。

モテるようになる一番のコツは、この事実を認めることです。

そして腹をくくらないと、状況の打開は無理であると諦めることです。

年の差カップルの激増は恋愛能力が欠けてる証

天国か地獄か二者択一、〈モテモテ長者〉と〈恋愛貧民〉への二極分化が、今まで以上に徹底される社会になっています。

しかし誤解していただきたくないのは、モテている理由として、ルックスやスタイルが〈根本的な核〉にはまったくなっていないということです。

もちろん、ものすごい男前がチャンスに恵まれない状況で今まで過ごしていたとしても、引っ越したり職場を変わったのがきっかけで、運が良ければモテるようになるかもしれません。

しかし、これも可能性は低いです。今の女性は積極性が強いので、放っておいてもモテるほどルックスが良ければ、現時点までのどこかで逆ナンパでもされているはずだからです。

その経験がないのであれば、少々の男前は大したレベルではない。その上にモテるために必要な〈根本的な核〉を持っていないと判断するのが妥当です。

女性たちの間でも価値観が多様化していて、好みは幅広くなってます。

僕はここ10年の間に、中年男性を養う若い女の子を少なからず見てきました。

それも平均にも至らない、うだつの上がらない男であるにもかかわらずです。甲斐性《かいしょう》はもちろんない。ルックスも良くない。頭も悪そう。でも彼女の心を掴んで、その結果として養われているのです。そもそも男は、自分の能力に自信があれば、女に養われる生活を望まない例が多いものです。性格がイビツでない限りは。

昔は、こういうケースでは女性がファザコンなどと決めつけられていました。でもファザコンというよりも、女性側が自分の価値観を正確に把握するようになってきたから、素直に自分のタイプを「好きだ」と言えるようになったから、起きている現象だと思います。昔だったら年が離れているだけで変人扱い、ちょっと心が病《や》んでいるような扱いでしたよね。でも今は、20歳くらい年齢が離れているカップルも珍しくありません。

年の離れた男とつき合うのにためらいのない女の子がこんなに増えたのは、価値観が多様化したのももちろんでしょうが、それ以上に若い世代に要因がある気がします。

若い世代の男の子は、話をよく聞く子はヒモ志願者が多いし、原則的には相手の話を聞かない男が多いですね。

年の差カップルの場合、若い男の子とつき合っていたときと何が違うかを女の子に尋ねると、「話を聞いてくれる」「本当の自分を出せる」などが共通した意見です。

逆に言えば、それまでの恋愛では「話を聞いてもらえなかった」「本当の自分を出せなかった」ということですよね。

今の若い世代の男は、女を騙すタイプの小賢《こざか》しいコミュニケーションがうまいホスト、ヒモタイプと、人の話を聞けないコミュニケーションがダメなタイプが急増しています。

だから若い世代の女性でも、誠実で話を聞く能力がある男性ならモテる余地は大きく残されているのです。

恋愛成立の公式はこんなにシンプル

昔に比べて40代の独身男性が急激に増えていますね。過疎化地域の結婚難の相談を地方自治体から受けていたので、僕も知っているつもりでした。しかし都会でも独身男性が増えているんですよねぇ。

30年ほど前には、40代の独身男性は50人に1人の割合ぐらいしかいなかった。でも今は、6人に1人が独身だそうです。そのうち半数以上が1度も結婚の経験がない。たぶん恋愛経験も皆無でしょう。40代でなくても、女性に縁がなくて恋愛をしたことがない、という男性が急増しているようです。

そういう〈恋愛貧民〉たちに理由を聞いてみると、「チャンスがない」という答えが返ってきます。果たして本当にチャンスがなかったのでしょうか。チャンスをつくる努力をしてこなかった、というのが正確なのではないでしょうか。

その気になればチャンスなんてゴロゴロしているんです。取引先を訪ねれば女子社員がいるだろうし、顔見知りでいいなと思っていた子に街で偶然出会う、なんてチャンスも1度や2度はあるでしょう。取引先の上司に許可を得て、デートに誘うなどという方法だって選択肢としてはあるんです。

そうでなくても、元気の良い好感を持たれる独身男性なら、周りが放っておきません。世話焼きおばさんや会社の上司が女の子を紹介しようとするのが現実なんです。なぜなら女性も同じことを言っているからです。「チャンスがない」って。

恋愛の成立は簡単な算数から構成されています。

男性なら、**口説ける確率×口説く回数＝成立した恋愛の数**

女性なら、**口説かれる確率×口説かれる回数＝成立した恋愛の数**

モテる男性だったら、逆ナンパをされて女性の公式があてはまるケースもあるでしょうし、積極的な女性なら男性の公式もあてはまるでしょうから、もっとチャンスは多くなるはずです。つまりは単純な算数なんです。

所属コミュニティを1つ増やすだけでチャンスは4倍増

いずれにしても、男性の場合、恋愛をしようと思えば口説く回数を増やすことが肝心になります。その上で1回あたりの口説ける確率をアップさせれば、確実に恋愛の回数は増えていきます。

口説く回数を増やすには、まずは機会を増やさなければなりません。恋愛の経験がない男性の話を聞いていると、この努力をまったくしていないケースが多いですね。

彼らは「周りに恋愛の対象となる女性が少なかったり、まったくいなかった」と言います。いったい、どこに住んでいるんでしょうね。職場に女性がいなくても、街に出ればいくらでも女性は歩いています。この地球上にいる人間の約半数は女性なのですから、出会いがないわけがありません。

チャンスなんて、増やそうと思えばいくらでも増やせるんです、努力などという大げさな言葉を使わなくても。チャンスがないのではなく、〈チャンスを作る方法〉を知らないということですよね。

たとえば自分の所属しているコミュニティを1つ増やすことです。

誰もが、いろいろなコミュニティに所属しています。職場もその1つなら、学生時代の友人関係もその1つ。スポーツクラブに通えば、そこでまた新たなコミュニティに属することになります。この所属するコミュニティを1つ増やすだけで新しい人間関係が生まれ、チャンスが増えていきます。

2つにすれば2乗の4倍、3つにすれば3乗の9倍にチャンスは増加します。僕の実感値としては、チャンスは2乗倍で増えるものです。

それをせずに、職場なら職場というコミュニティの中だけにとどまっているから恋愛のチャンスがない、という人がほとんどなのです。

過疎化地域に行くと共通しているのは、家庭と職場の往復以外の活動がほとんどないんですね。つき合っても、過疎化地域の人間関係の中でしか、人とつき合ってません。それでいて「出会いがない」と言い訳をしています。正直、言い訳や愚痴の大合唱で、指導に行ってもめまいがします。

出会いがないチャンスがないと嘆く人は、1つだけでもいいから新たなコミュニティを加えてください。それだけで格段に恋愛のチャンスは増えます。

このコミュニティは習い事でもかまいません。草野球チームでもかまいません。最近ではメルマガを発行してオフ会、というのが、僕がサポートしている自治体でいちばん成功しているパターンです。

楽しく生きればモテる確率は高くなる

幸せになるコツは、「今、自分はツイている、ラッキーだ」と思えるかどうかではないでしょうか。モテるということのみならず、魅力的な人間って、かなり大きなトラブルに巻き込まれても「大丈夫!」と思っていたり、「ツイている」と思っています。

周りの人間を元気にするんですよね。だから魅力的、モテるのも当然。

過疎化する町を町興《まちおこ》しするなんて、そこに魅力的な男女がたくさんいればすぐですよ。過疎化している地域では、産業がないから過疎化しているという例はたしかに多いとは思います。でも魅力的な男女が山ほどいれば、その地域を観光地にして観光事業が立ち上がるのではないでしょうか。

ビジネスが成立すれば、魅力のある人も次々に相乗効果で流れ込んできます。おカネ持ちが税金で不当にいじめられて、それに嫌気がさして地方都市に住む時代ですからね。

アナタがもしも自分を不幸だと思ったら、アナタは自分が不幸だと証明できる証拠をたくさん見つけるでしょう。またそれを証明するために、さらに不幸な現実を呼び寄せるでしょう。

幸せだと思ったり、ツイてると思い込んでも同じことが起きます。幸せだと思い込んでいると、自分が幸せだと自分自身に証明する証拠を山ほど見つけます。

それなら、幸せだと思い込んでいたほうがいいじゃないですか。

楽しく生きていればモテる確率は上がります。楽しく生きていれば魅力的に見えますからね。でも魅力がないのにモテたいというのは無理です。モテない人って、その多くが相手から何かしてほしいという思いが重たすぎるんです。自分のほうからは何も出来ることがないのに、要求だけしているんです。

こんな人とはつき合いたくないですよね。僕だってそばに近寄られるのもイヤです。

最近では「恋愛のチャンスがない」という人と同じくらい、「好きな相手が見つからない」と言う人がいます。そんな人は、他人の魅力を見つけるのが下手なんですよね。そういう人の特徴として、自分自身のことも本当には好きではないですね。完璧主義で自分と他人をつねに責め続けています。自分の欠けている部分をつねに責めているんですよね。誰だって、そんな人と一緒にいたくないですよ。

まず自分自身を好きになれない人と一緒にいるのって、アナタもイヤじゃないですか？　自分で自分を価値ある存在だと思っていないとしたら、「価値のない人間を好きになってくれ！」って他人に押し売りしていることになりますよね。

こんな例で説明しましょう。

僕はよく風俗業界について、「この業界には、頭が悪いか、裏切り者か、ＩＱは高いがコミュニケーション能力のない人間か、その3種類しかいないという、僕にとっては非常に恵まれた状況があった」と表現します。その発言の意味を勘違いした人が「じゃあ、どんな状況でも良いほうに解釈することが大事なんですね」と言いました。

そうじゃないんですよ。ツイていると思い込もうと無理して頑張っているのは、本当は全然ツイていないと思っているからですよね。違うんです。僕はツイてるんです。

「ツイていると思えるように解釈しよう」ではなく、「本当にツイている」と思えるかどうかなんです。この2つはまったく似て非なるものなんです。

無理やり良いほうに解釈しようと努力しないよりはマシです。でも、それだけではチャンスをチャンスとして活かしきれないんです。

世の中には本当すごいバカというか、勘違いをする人がいて、「当たると信じて宝くじを買ったんですけど当たりません。これは無意識にコミットメントしていないんでしょうか？」という解釈をする人がいます。

これはツイていない人、モテない人の共通点ですよね。柔軟性がないんです。モテる人は言い訳をしないし、柔軟性があります。決めた方法でやってダメなら、別の方法にチャレンジします。結果に気持ちがしっかり定まっているので、方法を固定化したりしません。世間でよく言うネガティブ思考、ポジティブ思考の解釈も、間違えている人、多いと思いますね。無理に肯定的に考えるのがポジティブ思考ではなく、自然にポジティブな思考が湧いてくる状態に自分をしておくことが大切なんですよね。

不満や不服をいつも口にする人は改善努力をしませんよね。不満や不服はなぜ、生まれるのか？　彼らは改善努力をしないので、いつまで経っても能力が向上しないからじゃないですか。

たとえば、先に金メダルをくれたら来年は100メートルを10秒切って走ってやるという選手がいるとしますよね。彼は今、金メダルをくれないのが不満なんですよね。

こういうことってよく起きませんか？　でも世界で一番早く走れば絶対に金メダル

をもらえるんですよ。走る前に報酬を要求するような人って、永久に何も手に入れられません。

モテたい人にお願いします。まずは先に周囲を元気づけ、勇気づけてください。そうすれば心配しないでも、チャンスは山ほどやって来ますよ。

もしも「もう俺はやっている！」と言い張っていて、それでもモテない人がいたら（実際よくいるんですが）、アナタの努力は大したことはありません。すごいと思っているのは単にアナタの個人的な思い込みです。謀反《むほん》を起こされて退陣に追い込まれる会社の社長が、「俺は社員に慕《した》われている」と思い込んでいるのと同じです。

結果だけがつねに〈事実が何なのか〉を現していますよね。

男の美容整形、はたしてプラスかマイナスか？

整形に対する罪悪感がなくなって、整形をする女性が増えました。男性の中にも「ルックスに自信がないので、整形してモテる男に変身したい」と整形をする人がいます。

でも、男の整形は結局、整形した本人の目的を達せられないケースが多いようです。

女性の場合、整形するメリットとは何でしょうか。外見的に改善されることも大きいのですが、それよりもはるかに大きいのが〈メンタル面〉での変化なんですよね。実際、女性の場合、これがすごく大きいです。男は〈方向性〉が決まってから〈関係性〉に入るので、女性のルックスが改善されることには大きな意味があります。

ルックスの改善がなされれば、その女性の恋愛チャンスは確実に増えるでしょう。

でも男の人の場合には、〈関係性〉を先につくらなければいけない女性を相手にしているわけですから、整形をしてもアナタが活動的にならなければ事態はまったく打開できません。活動的になるのなら、まぁ意味はあるかもしれませんけどね。

女性の場合には、整形をきっかけにして驚くほど性格が明るくなる、というのはよく目にします。でも男の人は、整形をしてもあまり性格が明るくなるようには見えないんですよね。

それに顔を整形するとしますよね。その顔がすごく男前になるとしますよね。

でも男のルックスに惹《ひ》かれる女性って、結構変なコンプレックス抱えている人、多いですよ。関係よりも先に方向性を定めて、男を狙ってくる女性って、変な人多いです。

これは格闘家ばかり狙っている追っかけの女性、政治家ばかり狙う女性などにも共通しています。芸能人の追っかけも同じですね。

だから普通、男前は、自分を口説《くど》いてくる女性を好きにならない人が多いです。

でも逆に、自分を口説いてくる女性としかつき合えないタイプの男前、ハンサムっているんです。この男性の特徴は、根深いコンプレックスを持っていることです。

男はそもそも、狩人としての習性がありますから、獲物を捕捉して自分のものにするというプロセスで恋愛をする人のほうが、変なコンプレックスを抱えていない人多いです。まぁ、普通ってことです。

女性の側がルックスにこだわりを持って、向こうから男を捕捉して自分のものにするタイプの恋愛をする人って、たいていが根深い心の問題を抱えています。ちょっと普通じゃないです。

ハンサム男を狙う女には心の傷がある、そう言っているんじゃありませんよ。自分から狙いを定めていく、そのプロセスに変なモノがある場合が多いって話です。

口説かれもするし口説きもするのは、まぁ、普通の女の人ですけど。

男の人が目や鼻を整形しても、その整形によって目的とする女性とつき合えるかどうかは疑問なのは、ご理解いただけたでしょうか。寄って来るのがどんな女でもかまわない、それならいいかもしれませんけどね。

不気味なオーラを拡大しても、ますます嫌がられるだけ

所属するコミュニティの数を増やすだけで、出会いは増えて、口説けるチャンスも増加すると言いました。しかし、口説ける回数が増えれば、どんな人でも必ず状況が好転

するかと問われれば、残念ながら違います。人によっては逆に裏目に出てしまう恐れがあります。女性にとって嫌な雰囲気を持っている男が、いくら努力して多くの女性を口説いても、ますます多くの女性から嫌われる速度が速くなるだけという結果になります。

システマティックに、その男の気持ち悪さが今まで以上に早く世の中に伝わってしまうだけ、というケースが存在するのです。

その男性の持つイヤな気持ち悪い雰囲気がより広く伝わっていき、事態は今よりさらに深刻になる。こんなことが起きるのです。いくら口説ける回数を増やしても、口説ける確率がゼロなら、恋愛の成立はゼロ。マイナスなら、マイナスがかえって大きくなるだけです。


いじめに遭《あ》っている子供たちの中にも少なからず、この予備軍がいます。

これは半分は親の責任です。でも残りの半分はやはり、本人の責任です。

コンサルタントをやっていると、クライアントの社長さんから、お子さんの相談をされることがあります。その中でもイジメの相談は少なくありません。

そんなときには決まって、

「お子さんが1年間、学校に行かなくたって、長い一生から見ると、たいした期間じゃありません。大人の視点からは分かりますよね。学力よりも人間関係づくりを覚えたほうが経営にも役立つのは分かりますよね。知識はおカネを持っている人間を雇えば補えますが、人間関係を円滑に進める能力がなければ会社は継がせられませんよ。学校よりも、フルコンタクトの空手道場か総合格闘技の道場にでも1年通わせて、お子さんの空気が変わってから学区を変えて転校させるとか、田舎にマンションを借りてあげて、田舎の学校に通わせるとかしてはどうですか。今の雰囲気を息子さんが抱えている限りは、何百回転校しても無駄ですよ」と伝えることにしています。

問題なのは、その子の持っている固有の雰囲気の改善です。それが変わらない限りは何度転校してもイジメに遭います。これは、イジメの実態を知っている人間なら共通見解ではないでしょうか。

モテることについても同じことが言えます。

いちばん手軽にできるのは、ファッションを変えてみることです。

これは思いのほか効果があります。僕自身、この指導経験からは大きく学びました。人間は身につけるものに想像以上に影響を受けているようです。

「ファッションを変える！」と決めたら、「どのように変えるか」を決めなければいけません。そのためには、自分が好きになるタイプの女性が好きになる男の人をイメージします。その男の人に近づけるように、ファッションの変更をする必要があります。

細かいことを言うようですが、最初はしっかり考えてから買うべきです。試着もして、自分には合わないと思ったら、店員にどんなに勧められても買ってはいけません。自分自身が気に入らなくては元気が出ませんから。

そして絶対に聞いてもらいたいアドバイスがあります。絶対に絶対に、地味な色は買わないでください。

内向的な人は、地味な色の服を好む傾向があります。それによって目立たないようにしているのです。完全に自分を改造することに成功した後でなら、地味な色でもシックでおしゃれに見えるかもしれません、でも変身前に暗い色の服を着ていたら、単に存在感がなくなるだけです。勇気を持って明るい派手な色を買いましょう。

そもそも、シャイだとか内向的だとかといつまでも言い張る人は、ワガママでエゴイストですね。僕自身が内向的でシャイだったので今さらながら反省しています。

初対面の人が2人いたら、双方ともに関係構築に努力すべきだと僕は思うのです。

それなのに「自分は内向的だとかシャイだ」と言う人は、自分は殻に閉じこもり、努力を放棄して、関係構築を一方的に相手の努力に依存するのです。そんなの嫌われるわけですよ。モテないはずです。

行動パターンを変えれば、あなたも変わる

しかし、ここまでやっても雰囲気が変わらず、結果も変わらない人は、もちろんさら

なる努力が必要になります。でも僕は、地に足のついたことしか指導しません。学者ではないので、結果を出さないと商売あがったりの宿命を負っているからです。

そこでまず、簡単なことを実行してほしいのです。アナタが「これをやれば現状が変わる」と思うことをすべて書き出してください。3日くらいかかってもいいです。その中で、おカネがかからないこと、時間がかからないことはすぐに着手してください。

僕が指導する際につねにお伝えすることがあります。それは、僕の指導によって結果が出ないときには、少なくとも半分はアナタに責任があるということを認めてください。

僕の教え方が悪いと言い張る人が時々いるのですが、最初のうちは返金して帰ってもらっていました。しかし、返金を保証すると依存体質の人ばかりが増えるので、僕が気に入らない人は返金無しで叩き出すようにすると、指導でも結果が上がるようになりました。

誰でも、自分で責任を取ろうと思えば本当は出来るんです。誰かに責任転嫁できる余地を残すのは相手のためにもなりません。

その結果が出ないケースでの圧倒的第1位の理由は、「実行をしない」ということです。当たり前ですよね。どんなに素晴らしいアイデアでも、実行しなければ結果にはつながりません。

そんな人間とは、人生がもったいないので、誰でも関わり合いになりたくありませんよね。不思議なことに、実行しない人ほど結果が出ないときに文句を言います。

実行する人は、結果が出るまでに少々時間がかかっても、自己責任だと分かっているので改善点のアドバイスを求めに来ます。

とにかく、モテなかった過去の日々の行動を引きずらないでください。

新しいコミュニティづくりを徹底して行ってください。週末には、東京に出てきてセミナーを受けるとか。

実際に僕自身も、経営セミナーを自分でも受講することで、大人になってからたくさんの友達をつくりました。大人になってからでは友達をつくれないと思っている人は多いですよね。僕も、その1人でした。でも現実は出来ます。

変化やチャンスは人を通じてやってきます。だからチャンスを増やすには、新しい人間との出会いは、何度言っても言い尽くせないほど大切なことなんです。

まったく交流のないジャンルの人たちと話すと、今まで想像もしなかったアイデアが出ます。その結果、今までとは違った生活パターンを身につけたりします。

世の中にはものすごい努力をしている人がいっぱいいます。常識はずれの結果を出している人も、いっぱいいます。それを肌で感じることに大きな意味があります。常識にとらわれているパターンを破壊することは、恋愛に限らず人生を変えます。

本を読んで、自分自身の今までのパターンが変わるのなら、それは良い本です。

しかしどんなに激しく感動したとしても、本を閉じれば今までと同じ生活に戻ってしまうのなら、何の意味もありません。

ここでセミナー選びのコツをお伝えしたいと思います。僕は毎年、学習投資にはそれなりにおカネを使っています。それでようやく、当たりのセミナーや講演会のコツが分かってきました。その中で絶対に守るべきというポイントがあります。「勝ち組が集まるセミナーに行け！」、これがいちばん大切です。セミナーには傾向があって、勝ち組のセミナーには勝ち組ばかりが集まります。負け組のセミナーは負け組が多いです。

❶心理学、精神医学、ニューエイジ、マルチのセミナーは避けたほうがよい。負け組が多く、エネルギーを吸い取られます。ごくまれに質の良いものもありますが、これはセミナーを受けていくなかで、信頼できる人からの紹介以外はお勧めしません。

❷コミュニケーションセミナーはほとんどの場合、コミュニケーションが苦手な人がやっています。

❸結果を出している人のセミナーに行け！　実績のない人のセミナーは意味がない。当たり前の話なんですが、セミナーを主催している人たちの大半は実績がなく、コミュニケーションもお粗末です。

❹自分でカネを払って受講している人が多いセミナーに行け！　勤め人が会社の経費で受けに来るセミナーは最悪です。覇気がないし、周囲の人たちの雰囲気が向上心を

感じさせません。

これらに気をつけて自分を磨いてください。そして最後に、

❺質が高いと思ったら、同じセミナーに何度も行って内容を体得せよ。

時には名画で、己の心を揺さぶるべし

僕は自分では上手に絵は描けません。でも見るのは大好きです。暇があると美術館や博物館に出かけます。美術館には写実的でリアルな絵もあれば、抽象画も展示してありますよね。抽象画のなかには一見すると、「子供が描いたんじゃないか？」と思えるようなものもありますよね。一瞬、まるで自分にも描けそうな錯覚に陥ることもあります。しかし、じっと眺めていると、「やっぱり違う！」と唸《うな》らされます。いかにも技巧が優れていると感じられる写実的な絵よりも、強いインパクトが確実に伝わってくる絵があります。

僕は専門家ではないのですが、そもそも名画とは、評価をする立場の人たちの感動や感情の変化を促すインパクトの強い絵が評価されているんでしょうね。

実際に1枚1枚の絵の前に立ってみると、絵から受けるインパクト、心の中から湧いてくる感動の大きさは、写実的かどうかという点からはやってきません。

大人が絵を描いている子供に、よくこんなアドバイスをしますよね。「上手じゃなくてもいいんだよ。元気良く描けばいいんだよ」って。

僕も子供の頃、大人たちから同じ言葉を聞きました。でも本音では、大人たちが言葉通りには考えていないことを肌で感じ取っていました。僕は絵が下手だったので、他の子の絵と比較しての慰めだと気づいていました。

でも今になって改めて思い返すと、そのセリフそのものは正しいんです。僕に言っていた当人は本音ではありませんでしたけどね。「あのアドバイスをいちばん最初に話したであろう人物は、本質を理解した上で慰めでなく言っていたのだろう」と思うのです。

一見すると下手な子供の落書きのような絵のインパクトは、どこから湧いてくるのでしょうか。

それは描き手の内面ではないでしょうか。描き手の内面が投影してにじみ出て、インパクトになっているのだと思うのです。

その視点で見ると、少女を描かせたらルノワールってすごいですよね。何千枚も見ていくと、少女を描かせたらやっぱりルノワールだって、素人の僕でも感じるんです。肌の色合いなどが違うように感じるのです。僕は絵は分かりません。だから単に感じるだけです。絵が分かる人って、素人の僕の内面に生まれてくる感覚をもっと微細に捉える能力に長《た》けているんだと思います。そして素人の僕が感じたような気がすることそのものが、描き手のすごさだと思うのです。この内面に湧き上がる感覚に敏感になることが、リスク管理の際には非常に重要になります。

僕の弟は相場専門の出版社、コンピュータソフトの開発販売、セミナー主催などをしています。その関係で、株式相場で毎年30%以上の利回りを出している人を何人か知っています。中にはこの10年間、50%の利回りを続けている人もいます。

こういう人たちって、本当の本音を言うと相場手法も大切ですが、それと同等か、それ以上に内面の感覚をすごく大切にしています。

この感覚が分からないとリスク管理は出来ません。モテない人、騙されやすい人って、この感覚が鈍いか、気づいていても無視する傾向が強いです。自分の内面から情報が来ても、それを信頼しないのです。プロは相場師でも不動産投資家でも、この内面の感覚は絶対に最重要事項として扱います。

理論と直感がぶつかったときに、プロは直感のほうを信頼するものです。

毎日の新しい刺激で脳を活性化しよう

今まで日常的に行ってきた特定のパターンと違う刺激を、1日に必ず1つ2つ、脳に与えてあげるのも、自分を変えるためには効果的な方法です。

先日、スカイダイビングを初めて体験しました。高度4000メートルの上空から飛び降りるという非日常的な体験です。4000メートルをひと口で表現すると、「すべてが空の上の世界」です。

チャレンジする前にはまったく平気だと思っていましたけど、正直、本番では腰が引けました。もちろんタンデムで、後ろにはプロ中のプロがついているんですよ。初めてで1人で飛んだら自殺ですからね。

見ている人間がいたから飛び降りたけど、1人だったら「すいません。やめます！」と間違いなく言っていました。

飛び降りてからの自由落下の時間はたった1分ぐらいだそうですが、現実に体験してみるとすごく長く感じられました。

その間は、時速100キロだか200キロだかの猛スピードで落下しているはずなんですけど、感覚としては全然、そんなスピードが出ている感じはしませんでした。想像していたのと現実のギャップはかなり大きなものでした。

こんな経験をすると、出来事の解釈でも、今まで使っていなかった脳の領域を使わざるを得ませんよね。今までは眠っていた脳の領域が働き始めるって感じですね。

まあ、ここまで出来れば最高ですし、脳に非常識なインパクトを与えるように留意してほしいのですが、最初のうちは日常的に小さくても新しい体験を心掛けましょう。

ひとつ例を挙げます。通学や通勤の経路を変えるのが非常に効果的です。ほとんどの人は毎日、通る道や乗る電車の路線は決まっているでしょう。行きも帰りも同じ道を歩いて、同じ電車に乗ってを繰り返している人が大半ですよね。

電車に乗る時刻、車両まで決まっている人だって多いはずです。その通勤経路や時刻を変えてみてください。早起きして普段は乗らない早朝の電車で通勤してみたり、あえて遠回りして通ったことのない道を選んだり、乗らなかった路線を使ってみるのです。

朝は時間が取れないとしても、帰りには必ず新しい道を通るといった変化はつけられますよね。これだけでも新しい発見があって、新鮮な刺激があるはずです。気分もリフレッシュして脳も活性化すると思います。この続きを次に話します。

散歩と心の不思議な関係

普段、気軽にできる脳活性化の手段といえば散歩が挙げられます。これは強くお勧めしたいものです。近所のあまり通らない道や、隣町を散策してみるのは脳に非常に良いそうです。僕の経験でも有効だと感じます。

ＰＴＳＤ（外傷後ストレス障害）って聞いたことありますか？　阪神淡路大震災以降、マスコミでも取り上げられるようになりました。戦争や大規模な災害の後によく耳にしますよね。これは天災や虐待などの、強い情緒刺激を伴う出来事を経験して、その出来事は考えたくもないのに思い出して悪夢にうなされたり、眠れなかったり、恐怖感や不安感を覚えて、日常生活に支障が出る状態と思ってください。

このPTSDやトラウマの治療法として「EMDR」なる手法が数年前に話題になりました。EMDRは眼球の動きを利用して治す療法で、1980年代末にアメリカでフランシーヌ・シャピロ博士という臨床心理学者によって開発され、従来の治療法とは比べものにならないくらい絶大な効果を発揮したそうです。今では、この発展ヴァージョンも何種類か生まれています。

たしか2年か3年頃前だったと思います。『心の臨床』という専門雑誌で特集が組まれたときのタイトルが「これは奇跡か!?」というものでした。それほどの衝撃的な効果がある方法として注目されたのです。

眼球運動が脳を直接的に刺激し、脳が本来もっている情報処理のプロセスを活性化するそうです。だから、放っておくと心のどこかに落ち着かせるのに5年、10年もかかるプロセスを、非常に短時間に進めることができるというのがこの治療法の特徴だそうです。詳しくはサイトがあると思いますので、そちらを見てください。

僕がここでお伝えしたいのは、シャピロ博士がどのようにして眼の動きでトラウマが改善されるなどという、一見、突拍子もない事実を発見できたのか、なんです。

発見のヒントになったのは散歩です。ある日、博士は自分自身の気分が優れないときに散歩をしていて、自分の心理状態が変わっていくことに気づいたんです。

では、どうしてこのような現象が起こるのか。博士が注目したのは視点の変化だったんですね。散歩すると視線が動く。としたら、「もしかして、目の動きと心の動きは密接に関わっているのでは?」というのが博士の仮説でした。それがズバリ、的中していたようです。まぁ、紆余曲折《うよきょくせつ》あったかもしれませんけどね。

経験則からも、落ち込んだときには、散歩やジョギングは内面からの力を取り戻すのに非常に有効な手段だと思います。

見慣れた街でもちょっと視点を変えてみると、意外に通ったことのない路地を発見したりしますよね。そして歩いてみると、まったく違った風景が広がっていたりするものです。

たとえば、繁華街の裏道。メインストリートとはまったく違う顔を持っていますよね。昼間と夜ではまるで表情が変わる街もありますよね。同じ街を時間を変えて2度歩くと、また新たな発見があります。タウンウォッチングするだけでも楽しいものです。

歩くこと自体、心身を健全にするものですが、それ以上に視覚的に入ってくる情報の効用、それによって受ける刺激は大きいですね。積極的に散歩を日常生活に取り入れて習慣化してください。

Ⅳ章

絶対に失敗しない最強恋愛術

学歴や肩書きで恋愛してはいけない

高学歴、高収入、高身長……かつて女性にモテる男の条件として「3高」という言葉が流行《はや》りました。今はすっかり死語になってしまいましたけどね。でも、高学歴や高収入、高い肩書きを重視する女性は現在も少なくありません。

もっとも、年齢によって重視の度合いやポイントは変わってきます。20代でも前半の子たちは、収入や学歴はどちらかというと二の次。個人的な相性、自分の価値観を優先してます。ところが20代後半になると、学歴や稼ぎ、肩書きや地位に目がいく子が増えてきますね。

これは2003年現在の事情固有のものなのか、世代的な問題なのかはもう少し時間が経ってみないと分かりません。

若い世代はセックスについても非常にオープンです。話題にしても比較的抵抗なく話します。それは在籍している学校や企業が堅くても、あまり変わらないようです。もちろん個人差はありますけどね。

それが20代後半以降になると、本音を話さなくなる子が増えてきます。自分の人脈の自慢をする子も増えてきます。

男には仕事自慢、人脈自慢をする人は多いですよね。でも女にもいるんですね。

これらの情報は、『合コン最強システム』(成甲書房刊)を上梓している野田慶輔氏の協力によるものです。彼は今まで合コンを500回以上経験しています。今では「合コンを通じての営業マン・トレーニング」「接待技術の指導」というビジネスマントレーニングを開発し、僕の組織のコンサルテーション部門で主任トレーナーをやってくれていて、大変な人気コースとなっています。

その野田氏に今回の本作りを手伝っていただくなかで聞いたところによると、某有名出版社の編集者にこんな男性がいるそうです。東大卒、しかもなかなかの二枚目で、見かけからは恋人がいてもおかしくない。しかし現実には、30過ぎても独身で、過去、交際した女性はいても必ず別れる。なぜ、彼の恋愛はうまくいかないのか?

彼の理由は、〈女性を選ぶ基準〉を卒業した大学のレベルに置いているからです。「いいな!」と感じた女性がいたとしても素直に好きにはならない。彼女の学歴を調べ、その偏差値を確かめてから判断するのです。偏差値の低い二流大学卒だと、恋愛の対象外にしてしまうそうです。完全に病気! ですよね。

これほど極端でなくても、一流企業に勤める20代後半以降の男女は肩書きや学歴、年収などを極端に気にする人が多いですね。まぁたしかに人生設計からいうと、ある程度は考慮したほうがいいとは思いますけどね。

おそらく彼らにとっては、自分のアイデンティティと深く関わっているんでしょうね。必死の思いで獲得した一流大学卒や一流会社の社員という〈権威〉を、相手にも認めてほしいし、自分も認めたい。その〈権威〉が今後もずっと、世の中に大きな影響を与えるものだと信じたいわけです。

他に自分の自信につながる要素がないので、その価値観を放棄してしまうと、自分の寄って立つところも崩れてしまうような気がするんでしょうね。

でも、そうやって学歴や家柄でくっついた人たちじゃ、やっぱり、本当には互いへの気持ちがないわけですから、遠からず双方ともに浮気し合ったりして、家庭がボロボロになったりします。たいていの場合、末路は哀れです。この手のケースの相談は多いですね。

大企業なんかの場合には離婚すると出世コースからはずされたり、けっこう面倒なこともあるみたいですね。だけど離婚をして泥沼から解放されると、憑《つ》きものが取れたように、皆さん、楽な表情になりますね。

だからまだ結婚に踏みきっていない人は、好きでもない相手と無理して結婚するのは待ったほうがよいと僕は思います。振り出しに戻らなければいけなくなるかもしれませんので。

肩書きの上手な使い方・最悪の使い方

〈権威〉に縛られている人を見ると、つらそうな人多いですね。おそらく、前もって得られると予想したものが権威を手に入れても手に入らない。でも権威を手に入れるために、それまでの人生のほとんどを費やしてきたので、他にどうすればよいか分からない。だからさらに権力を振りかざして人を威圧する。でもやっぱり、本当に欲しかったものは手に入らない。そんなことを繰り返して苦しんでいます。

それなりに一生懸命やって結果が出なかったら、今までと同じ方法を今まで以上に強くやっても、あまり変化しないんですけどねぇ。

どこの学校を出ていても、能力のある人ほど出身校に寄りかかっていません。「東大出の他の連中と同じにされてたまるか、あの程度の連中より俺ははるかに上なんだ！俺は東大出だから実力があるんじゃない、俺は俺だからすごいんだ！」という人っていますよね。

会社員でも、愛社精神を持っているのと、肩書きとして利用しているのとは全然違います。

不良でも、看板を磨いているのと、看板にぶら下がっているのでは正反対です。

磨いているほうは、その人間がいるから組織が成り立っていますが、ぶら下がっているのは単なる〈お荷物〉ですもん。

でも、肩書きだけではとても渡っていけなくなっている現代ですから、看板があっても実力がない人って、バカにされている例のほうが多いですよね。

そういう意味では、東大出の人って可哀想な思いしていること多いです。特にベンチャー系の企業に入った東大の人で、仕事が出来ないので、「東大出はダメだ！　使い物にならない！」って言われている例は山ほどあります。ベンチャー系の企業では、いわゆる一流大学出を嫌う経営者が少なくありません。

同情しちゃいます。本当は東大って、文京区全体の3分の1の電気代と水道代を使っているほど、それこそ学習環境としては最高なので、僕なんかは子供に特別な才能がなければ勉強させて東大に入れておきたいと思いますけどね。

東大に限らず一流大学出の人たちって、仕事が出来て当たり前、出来ないとバカにされてしまうという厳しい状況にいますよね。本当は、その大学に入ることによって証明されたのは、その大学に入る能力だけなのに。

もちろん、他の同級生が遊んでいるときに自分を律する能力とコツコツ努力を積み上げる能力については期待できると思います。

だから、それが活かせる立場につけば、きっと活躍できるはずです。

恋愛の話に戻ります。高学歴の人は、自分がコツコツ努力するなどの適性がある部分を活かして、恋愛が成功するような方法を見つけるとたいていうまくいきます。

また、恋愛相手に期待するのが高学歴であってもかまいません。高学歴であることが保証するであろう能力、期待してよい能力を求めているのであれば。それ以外を恋愛で期待するから、不幸になるのです。

このあたりは言われてみれば当たり前ですよね。でも全然、そのように振舞っていない人が多いですよね。僕のところに相談に来る人は皆、これが分かっていません。

世間での肩書きに対する期待って、現実にはほとんど満たされません。情報の解釈がまったく間違っていますから。お嬢様学校だから、ミッション系だからといって、身持ちが堅いでしょうか？　これはＮＯですよね。まったく関係ありません。これは通っている本人たちが一番よく知っています。

良い家柄だと、躾《しつけ》がしっかりしているでしょうか？

これは、少しは正しい部分もあるでしょう。でも一流企業と言われる会社のオーナーの奥さんや娘さんが、ホストクラブで散財していることがあるのはなぜでしょうか？

それで躾がしっかりしていると言えるのでしょうか？

政略結婚で結婚した夫婦がともに浮気をしていて、子供はそれを見て愛情を信じられなくなったりします。これが良い家庭なのでしょうか。エリートサラリーマン本人や奥さんが万引きしてしまうのは、なぜなんでしょうね。

肩書きから勝手に想像することが実際に満たされないどころか、現実には正反対であるというのはよくあります。もちろん全部が全部ではありませんよ。

でも、肩書きよりは中身を見ようとしないと、こんな状態になってしまう人が実際にいるということです。

だから東大出にだって良い子たちはいっぱいいますよ。世間の東大に対するイメージというと、嫌味なガキだったり、口先だけという印象がありますよね。僕も、ここで散々と最高学府なので引き合いに出して申し訳ないんですけどね。

でも嫌味で口先だけの輩《やから》も山ほどいますが、良い子もいっぱいいます。僕も親戚や友人に東大出は多いです。東大を出ているから嫌な奴っていう、引け目からくる偏見もまた当たりません。

最後に勝敗を決するのは人間力だ

肩書きよりは中身、という話をしましたが、世間的には蔑《さげす》まれるような仕事でも、まったく蔑まれないどころか尊敬される人たちもいっぱいいます。

ＡＶ関係の人でも、性という避けることができないテーマを真剣に追いかけている人で、尊敬に値する人たちにも何人も僕は会ってきました。

蔑まれる立場でいるのに尊敬される人の共通点は〈人間力〉ですよね。人間そのものに自然にストレートに入り込んでくる。隠し事をしないように見えても押し売りみたいな人って嫌ですよね。肩肘張《かたひじは》っている人にも抵抗感を感じますよね。でも、それと対極の位置にいる人が蔑まれる人のなかにもいます。一貫性のある立ち居振る舞いや言動に対して、「避けられない」と感じさせられる人たちがいます。

この人たちは、配慮が素晴らしいとか、自分のことは後回しで相手を立てるなどの〈人間力〉を感じさせます。そのどれもが一朝一夕《いっちょういっせき》ではない、練《ね》り上げられ方を感じさせられるのです。彼らにとっては、格好をつけているのではなく、ごく自然に日常的に行っている行為なのでしょう。付け焼刃ではなく、その人自身を感じさせてくれます。そして彼らは、普通の人が逃げてしまうことから決して逃げません。自己責任の姿勢が出来ているからです。

肩書き派の人たちに欠けているのは、こんな点ではないでしょうか。

肩書きを持っていること自体は悪いことではありません。肩書きを持っている人でも、しっかりした〈人間力〉があれば何ひとつ問題はないのです。しかし、自己責任の姿勢がなく、肩書きで勝負を乗り切ろうとすると通用しない局面が、人生には少なくありません。彼らの仕事の場では通用するのかもしれませんけどね。だから肩書きが立派だからと信用しても、その人自身を見ないと、裏切りは頻発《ひんぱつ》するのではないでしょうか。肩書きだけで他人を判断する人には共通点があります。それは自分自身を信じていないということです。要は自信がないんですね。自分に本当に自信があれば、肩書きという自分以外の誰かが決めた基準で他人を推《お》し量《はか》ることのほうに不安を感じるはずです。自信がある人は、自分の目や耳、すなわち〈皮膚感覚〉で物事を判断したいものですから。

肩書きは、自分に自信がない人が保全策として選択している人間の判別方法なのです。ただ厄介なのは、肩書きで判断できることも実際少なくないということです。だから正しいケースもあるので、肩書きでの判断を捨てる決意が出来にくい。すごく簡単な基準ですから、自分の感性に自信がないあいだは無難な方法ではあります。

ある人間が肩書きを手にしている以上、その肩書きから生まれる力を行使できることも事実です。コネを使おうが自分で努力しようが、今そのポジションに到達しているのですから、総合的にはその地位にたどり着く能力を持っていることは誰にも否定できません。

でも肩書きは、あくまで人物評価の入り口程度にしておいたほうがよいのではないでしょうか。人物への判断の最終関門にすると、人生においてアナタはきっと不幸になることでしょう。

器量の小さい男は自慢話で嫌われる

アナタが女性から好意を持たれたいとき、要するに口説きたいときに、仕事の自慢話をしてしまいませんか？

でも、その仕事がどんなに国際的な仕事であっても、兆単位の金が動くプロジェクトでも、そんな話にすり寄ってくる女の人は、アナタの財布を狙っているだけではないでしょうか？　男性は過去に仕留めたターゲットの大きさを競って、相手と勝ち負けの判断をしてますよね。だからこの手の話は男社会では有効です。

学歴でも過去の仕事でも、アナタがそれを話せば卑屈《ひくつ》になって、アナタの虚栄心《きょえいしん》を満たしてくれた人は少なからずいたでしょう。

でも同じような反応をする女性は、アナタ自身よりも、アナタが持っている力を当てにしているだけです。いわば、アナタがその力を失ったときにはアナタから去る女性です。

一度でも抱きたいだけなら、それも止めません。是非ドンドンやってください。でも関係が出来た後からの軌道修正は難しいですよ。飲み屋の女の子は、そういう男性から奪ったカネを、他の男のところに貢ぎに行くものです。

男は仕留めた〈獲物の大きさ〉で相手の男の器量を測るところがありますが、女は〈関係づくり〉を見てアナタの器量を測ります。

アナタが皆の気持ちを集めるのを見れば、アナタの器量は高く評価されるかもしれません。過去の仕事の話をしてはいけないと言っているのではありません。過去の仕事の話をすることで人の気持ちを集めることが出来ているとしたら、アナタは大きな器の人物と思われるでしょう。

でもどんなに大きな仕事の話をしても、気持ちを集めていないと見られれば、器量は小さいと判断されます。自慢話を話さなくても皆の気持ちを集めているのであれば、アナタの器量はやはり大きく評価されます。

もしかすると、周りの人をほめて立てることで、巡り巡ってアナタが皆の気持ちを集めることができていればアナタの器量は大きく評価されます。

〈手法〉が問題なのではなく、〈結果〉が問題なのです。その結果を見て、コミュニケーションの中で流れている動きを見て、器量を推し量《はか》るのが女の人なのです。

そのパターンで動いていないときには女性も女性としては動いておらず、職業人として動いています。だからアナタには惚れないでしょうね。

だからキャバクラで仕事の話をしてもいいんですよ。それが彼女にとっても役立つ話だとか、彼女自身の心が掴まえられる話だったら。でもたいていは、彼女たちに獲物として仕留められるだけですよね。

職業人の彼女にとっては、アナタの心を掴むポイントを探しているのでアナタの話を聞いているだけのことです。べつに話の内容なんかどうでもよいのです。どこをほめればアナタの気持ちが彼女に向くか、それをチェックされているだけなのです。

女性との会話はアナタの肩書きの大きさではなく、周囲みんなの気持ちが盛り上がるようにしてあげてください。

そのためにアナタがバカを演じても、その結果が良ければアナタの評価は絶対に上がっていきます。格好をつけても、皆がアナタに気を使わないとリラックスもできない状態なら、良い評価は受けないでしょうね。「この人は権力者だ！」という動機に擦り寄ってくる女性をつかまえたいのであれば、それも有効でないとは言いませんけどね。

絶対後悔しないオンナ選びの基準

アナタにとって好みのタイプ、そんな女性を選ぶのが〈幸せのコツ〉です。でも、そのタイプがよく分からないということであれば、世の中のいい女を研究して、その女性とつき合っている男を見ると学びは多いですね。こんな振る舞いをしてくれる女の人がいいなぁ、という基準を持ったほうが失敗が少ないですね。ルックスではないですよ。

まずアナタを好きなのか、立場や肩書きが好きなのか、これはけっこう大切ですよね。アナタが政治家だとしますよね。でも、その肩書きについてきた女は、よそで総理大臣に口説かれたらアナタを簡単に捨てるでしょうね。

だからアナタ自身に〈恋愛感情〉を抱いている。これははずせない要素なのではないでしょうか。

アナタが肩書きを持っていてもかまいません。肩書きはしょせん肩書きですから、アナタのライフワークとして肩書きが必要ならば、是が非でも手に入れなければいけませんよね。でもアナタの肩書きをアナタの彼女にも使われてしまうとしたら、アナタのライフワークは大きく邪魔されることがあるのではないでしょうか。

たとえば、「ウチの旦那は総理なのよ！　あんたらみたいな平民とは一緒に歩けないわ！」と奥さんが言ったらどうでしょうか？　それが明るみに出たら総理大臣でも失脚しますよ。極端な話と思うかもしれませんが、本質的には同じような出来事が起きていませんか？

社長の女房や子供が社員を呼び捨てにしたり、プライベートの用事でこき使ったら、社長自身の器量が疑われますよね。

肩書きを利用しようと期待している女の人って、期待通りにことが進まないと家庭で子供にアナタの悪口を吹き込み始めます。挫折《ざせつ》したエリートほど、そんな経験をしているのではないでしょうか。

ある大物芸人の奥さんの話を聞いて、「こんな女性が理想だなぁ」と感じました。

父親はどうしても、子供と過ごす時間が母親より少ないですよね。だから母親が、父親の分まで、子供が父親を好きになるように努力しないといけないと言うのです。

この考え方には感銘《かんめい》を受けました。子供は難しいことを言っても分かりません。だから冷蔵庫を開けて冷蔵庫の中身全部が、どれひとつをとっても、「これが食べられるのも、お父さんのおかげ」と話すのだそうです。そうするとなんとなく子供も、「そんなもんかなぁ」と思うのだそうです。

見えないときに何をやっているかで、人間の〈本心〉って分かりますからね。見えないときにやっていることだけが〈真実〉ですよ。こんなふうに奥さんが動いてくれていたら、「愛されている」と感じますよね。

そもそも旦那を悪く言っている母親って本当にバカです。彼女にとっては、気持ちが離れれば旦那は他人です。でも子供にとってはＤＮＡのルーツなんです。だから絶対に逃げられない立場にあります。それを悪く言われたら傷つくに決まってます。

これはアナタが父親で、母親の悪口を言うときだって同様の悪影響がありますよ。絶対にやめてください。

風俗業界に身を置いていると、この経験をして育った子が多いですね。

彼女たちからは、子供時代に両親が仲が良くて、互いをほめあっていたという話はほとんど聞きません。〈トラウマ〉というのは大きなショッキングな出来事によって生じると思われがちですが、小さなことでも毎日積み重ねられると、トラウマと呼ぶべき状態が残っているとしか考えられない反応をする子たちはいっぱいいますよ。

アナタは状況設定に合わせて振る舞えますか

人間関係を円滑に進めるのに「ほめること」が大切だとよく言いますよね。

たとえば手料理を彼女が作ってくれたときに、「すごくおいしいよ。オマエ、料理うまかったんだなぁ」などと、自然にセリフが出てきたのならかまいません。

でも多くの場合、相手を〈コントロール〉しようとしてほめ言葉を使う人って多いですよね。

そしてコントロールに失敗して、「ほめているんだけどうまくいかない」と相談してくる人って多いんです。

ほめる人って、「こうやってほめておいて、次に自分の希望を呑《の》ませよう」と思っているケース多いですよね。アナタも心当たりがあるんじゃないでしょうか。

でもアナタに尋ねたいんですけど、そういう人の思惑《おもわく》って、なんとなく伝わってきませんか？　だからアナタが思惑を持ってほめたら、必ず相手にバレると思ってください。そうは言っても、多くの人の場合には、相手の良い面を見つけてほめる練習をしたほうが良いとは思います。相手の悪い面にばかり目がいく人が多いので。

でも、相手の良い面を見つける練習と割り切って、見返りを期待するのはやめてくださいね。

見返りを期待すると、見返りが来ないときには相手を責めますよね。

何度か見返りが満たされないとそのうちに、ほめる前から「どうせ見返りをくれないんだろ！」と苦しみながら、表面ではほめたフリをしますよね。そのように相手を責めながら口先だけでほめるようになると、これほど嫌われるやり方は他にありません。

ほめているのに問題が起きる人は、実は、こうやってほめたフリをしていたりします。

それ以外にも、ほめ上手なのに状況が好転しないケースもあります。

ほめ上手なのに問題が生じてしまうなんて、想像も出来ないかもしれません。でも実はよくあることなんです。たくさん人をほめればほめるほど問題が大きくなってしまい、頻繁に問題が起きる人たちには共通点があるのです。

彼女が幼いころに両親から虐待されていて、ほめられた経験がないと、「私なんかダメな人間だから」と口にすることに心当たりはありませんか？

このときに「そんなことないよ。だってオマエは、こんな良い面があるよね」と言っても、かえって逆効果になる場合があるのです。

人は男女ともに、恋愛対象を無意識のうちに設定しています。女性の場合には、幼いころ父親的な位置にいる人から〈してもらって嬉しかったこと〉と〈して欲しかったけどしてもらえなかったこと〉で決める傾向があります。親がいない場合もあるし、親がいても子供が父親の位置に設定している人が違うことがあるので〈父親的〉と僕は呼んでいます。

そして彼女の無意識のニーズの中には、子供のような自我状態のときに、ほめられたいという要素があるのです。それに対して、彼女がワガママを言ったときにフォローして慰めたり、ほめてしまうと、彼女の無意識では「ワガママを言って困らせれば優しくしてもらえるんだ」という〈回路〉が入ってしまいます。でもアナタはワガママが継続しないように諭《さと》そうとしてほめたんですよね。彼女自身にとっても、ワガママを言えば優しくしてもらえるという回路が設定されることは好ましくないことですよね。

なぜなら、これが続けば、いずれアナタも我慢できないときが必ずやって来ますから。それにアナタ以外の人に対しても、優しくしてほしいからワガママに振舞うという行動を彼女はとり始めてしまいます。その結果、彼女は人から嫌われる人間に間違いなくなってしまいます。

それではどのように接するのがよいのでしょうか。たとえば、自分の子供に「かあちゃん！　今日の掃除は隅々まできれいにできているねー」とほめられないと、掃除をしないお母さんっているでしょうか？　いませんよね。

子供がほめてくれないから料理をつくらないお母さん、これもあまり見たことないですよね。いたとしてもごく少数でしょう。普通の母親なら、きちんと食事をつくって子供に食べさせてあげようと思いますよね。

だから、無邪気な子供の自我状態で接して喜んでいる、というスタンスを表現することのほうがはるかに重要なんです。変に大人になって評価して、上位の立場から相手をほめるというのは逆効果になることが多いですね。無邪気な子供の自我状態で一緒に楽しめるほうがずっと大切です。こちらが無邪気な子供の自我状態でいれば、彼女は無邪気な自我状態の子供になるか、優しい穏やかな親になるでしょう。

文明の利器で恋愛戦闘力をアップさせる

ここ数年の間に携帯電話は急速に普及し、今時は小学生だって首にぶらさげてます。携帯電話の普及に伴って、恋愛にも新たな局面が生まれました。これは恋愛に限らず、ビジネスでも、その他の生活全般にもいえる情報革命ではありますけどね。

たとえば合コンで、お気に入りの彼女の番号を入手したとします。早速、トイレに行って電話。「終わったら、ふたりで飲み行かないか」なんて、抜け駆けに使っている人も少なくないですよね。

また、メールは電話をかけるよりさらに応用範囲が広く、強力だと思います。電話にないメリットを数多く持っています。

ウチに達人的に出会い系サイトやメールに秀でた人間がいます。雑誌取材も来るくらいです。彼の使い方を見ていると、今までの恋愛では奥手だった人間でも、直接話す前にメールを使えばポイントを稼いでおけるんですね。だから会話が下手だったり、コミュニケーションが苦手な部分を相当補えるみたいですね。

会話は下手だけど文書は上手、そんな人間っていますよね。歴史的には韓非子《かんぴし》みたいに。また、電話は自分と相手の双方が会話できる時間を見つけないとコミュニケーションできませんでした。

でもメールは、双方が空き時間を利用してやり取りができます。これが画期的です。

ウチでも、組織内部に全社員用、幹部社員用などと分けて指示通達が行えるように、メーリングリストを作りました。これによって「聞いてません」という社員がゼロになります。

コンサルティングでお手伝いさせていただく会社でも、営業マン教育と管理に絶大な威力を発揮しています。アナタが経営者でご希望があれば、当社にご連絡いただければ運用の指導も合わせて行いますよ。個人レベルでは皆さん、各自創意工夫して頑張ってくださいね。

メールを使えば、会話の苦手な人間でも丁寧《ていねい》に人間性を伝えることができます。会話だと一度話してしまった言葉は言わなかったことにはできませんが、メールでは何度も手直ししてから最高の文書を相手に送ることができます。

この特性によって、今までは箸にも棒にも掛からなかった連中が口説きに成功するようになってきたのです。

また、相手の表現方法や文体の変化によって、相手の心理状態を今までは鈍かった人間にもある程度検証して推察できるようになりました。

出会い系サイトの達人に言わせると、効果的な定形のパターンがあるそうです。

まず挨拶から始まって、次に自分が何をしているかを入れて、相手が何をやっているかに展開して、最後にやさしい気遣《きづか》いを入れる。その間に、特には意味のない状況の説明（今日読んだあのマンガが面白かった）など、突飛な文章を入れて人間性を印象づける。そんな段取りがあるようです。

電話なら話下手だと、十分にこちらの気持ちが伝えられない上に、下手をすると誤解が生じて嫌われます。でもメールなら瞬間的に反応できなくても大丈夫です。あらかじめ、いくつかとっておきのパターンを用意しておき、相手に合わせて少し書き直して送れば、失敗する確率も激減させられます。効果があった文面は他の女の子にも何度も使い回しすると彼らは言います。こうして溜めたフォーマットは貴重な財産になっていきます。

直接女性を口説ける人間にとっては、メールなんて遅くて笑っちゃうし、馬鹿馬鹿しいと思って昔は相手にしていませんでした。

しかし、過疎化地域の結婚難を解決しなければならない立場になって、今までは恋愛から縁遠かったコミュニケーションがダメな連中の指導に使ってみました。そして彼らが女性を口説けるようになるのを目の当たりにしました。そうなると、「こりゃ、指導側としては無視できないなぁ」と思うようになってきました。

それに彼らが恋愛経験を重ねるうちに、メールを介さなくてもコミュニケーションが出来るようになります。普通に恋愛をしていくようになっていくのです。元来まったく才能がないので決して巧みではありませんけど。メールという文明の利器がなければ生涯独身の可能性も高かった人間たちがですよ。

これからも新しい情報ツールなどが出てきたときには、積極的に先駆者となり、開拓してほしいです。そうすれば、思いもよらなかった能力まで開発される可能性があるからです。

V章

その欲望主義、ちょっと待った！

この年代で、性に対する意識は激変する

僕は若年層から年配の方まで、幅広く相談を受けています。その対応をしていると、〈ある年齢層〉を境にセックスに対する意識が激変していると感じます。

遊んでいるタイプはいつの時代も大差ないように見えますが、真面目《まじめ》に振舞っている層のセックスへの距離の置き方が急激に寛容になっている年代があります。

そもそも、闇雲《やみくも》に拒絶するというのは、無分別に受け入れるのと同じくらい不自然だと僕は思いますけどね。そして年齢が低下するほどタブーを持たなくなっていますよね。良いか悪いかは別問題として。

風俗ブームが起こり、若年層には援助交際という言葉が出現し、性を売り物にする女子中高生たちが出てきたのがベビーブーマー世代で、その社会全体への影響力も強かったですね。社会現象を見ても、なんとなく納得のいく線引きです。

なぜ、性のモラルがこんなに極端に変化したのでしょうか。これは親の世代と関係がありそうです。

団塊《だんかい》の世代と呼ばれた世代との関連があるでしょうね。

団塊の世代は、青春期を高度成長の真っただ中で送りましたよね。受験戦争が激しく

なったのも、彼らが中高生の頃です。世の中は、実利主義、功利主義に傾き、オヤジは企業戦士、団塊の世代も学校を出た後も、企業の働き蜂として家庭を顧みる余裕はありませんでした。

一方で、団塊の世代が家庭を持つ年齢になって流行《はや》った言葉に〈ニューファミリー〉があります。

家事は分担し、休日はどこかに家族で出かけるという家族のあり方が理想、なんていわれたものです。しかし、よくよく考えてみると、何かをしてあげないと愛情じゃないという条件付きの愛が、果たして本当の家族愛なんでしょうか。

一種の罪悪感が背景にある〈罪滅ぼし〉じゃないでしょうか。この頃から、すでに家族の崩壊が始まっていたのではないでしょうか。結局、その延長線上で育った子供たちが大きくなって体を提供する、金を貢ぐなどの行為を優しさと勘違いしてますよね。

正しいか間違っているかは置いておくとしても、性に対するモラルには断層がありますよね。これを踏まえない人たちの、笑うに笑えない悲喜劇を僕は数多く見てきました。

たとえば、40代の男性が20代の女の子と知り合って抱いたとします。援助交際じゃないですよ。40代男の価値観からすれば、「寝たんだから、彼女は俺に惚れている」と思い込んでしまうことが多いのではないでしょうか。

ところが彼女にとっては、セックスをしたとしても、それは恋愛関係になった証《あかし》でもなんでもないという温度差が生じます。

多くの20代の子たちには、セックスは恋愛を確定的にする材料にはなり得ないのです。パートナーとしての〈チェック項目〉としては、重要な位置づけにしている子は多いですけどね。だからセックスというチェック後に、彼女の判断がくつがえるケースも少なくありません。

そして、そのチェックをクリアできなかった男が「どうして？　俺に惚れているはずなのに」と追いかけ回してもトラブルになるだけです。

かなりデフォルメしていますが、これが発端でストーカー事件が起きたりします。

彼女たちはなぜ、安易にセックスをしたり、金を貢ぐのでしょうか。無条件の愛情を受けた経験がないから、比較する情報を自分の中に持っていません。

だからセックス以外に〈判断基準〉を持てないんですよね。そして、その判定基準も全然正しくないので、一層彼女を傷つける結果が増えてしまいます。

セックスがマンネリ化するのは、刺激だけを追い求めるから

「何度も抱くと、どんなに魅力的な女性でも飽きてくる」という男性がいます。これは極論すれば生物学的には必ず起きることみたいですね。遺伝子をより多く残そうとする

自然な反応のようです。

そのために、新しい相手により大きな刺激を感じるように無意識に反応する回路がDNAにプログラムされているそうです。

でも、その反応に逆らうように生きている人もいますよね。本能のおもむくままに生きていきたいという人を僕は止める術《すべ》を持ちません。それに究極の良い悪いは僕には分かりません。

でも本能に従った結果として、大切なパートナーを失うこともあるでしょう。後から、その大切さに気づいたけど取り戻せなかったということも少なくないでしょう。傷つくときには、大きくおーきく傷ついたほうがいいと思います。同じパターンを繰り返さないですむように。

セックスに刺激だけを求めると、相手をドンドン替えるか、ハードな内容のセックスに発展させるかしか対応方法がなくなりますよね。

これってＳＭでよく起きます。僕は風俗店舗を経営し、コンサルティングもしていますので、その現場の情報も知り得る立場にいます。その立場から言わせていただけるとすれば、〈ＳＭで幸せになる人、不幸になる人〉には特徴があります。

ＳＭで不幸になる人は、物理的にだんだんと過激な内容になっていく人です。スタンガンで攻撃されたいとか、究極の夢は理想の女王様と知り合ってガソリンをかけてもらって燃やされたい、という話になっていってしまいます。

これが事実ですからね。直接聞いた話だけでここまでありますから、専門的なSMクラブの経営者はもっとすごい事例を知っているでしょう。

それを〈究極の愛の形〉と互いに思うカップルは少ないと思います。それにガソリンをかけて人を焼き殺したい女王様と、焼き殺されたい奴隷が出会う確率は、どの程度あるのでしょうか。

そもそもSMというジャンルに籍を置く人たちも、本当は好みはすごく偏っています。SMをやるからロウソクやムチが好きとは限りません。仕事だからオールラウンドにこなしていても、実際には好みは偏っています。

女王様が、プライベートではMであることもよくある話です。そうなるとガソリンをかけられて焼き殺してほしいというMはほとんどの場合には、女王様から言わせると「気持ち悪い」「係わり合いになりたくない」ということになってしまうのです。

SMでも幸せな人は、あまり形にこだわっていないようです。本当に極めた人は、脳が快楽を感じる状態になりさえすれば道具にはこだわりません。結局、言葉だけでも事足りるし、相手が望むなら相手が望むものを使っても構わない、というスタンスになっていくようです。

SMも〈ハードな究極〉と〈ソフトな究極〉があるとすると、ソフトな究極のほうは普通のコミュニケーションと同じになっていくようですね。山を登るのにも、道はたくさんあるけど、頂上はどこから登っても同じところにたどり着くように。

セックスも同じだと思います。

セックスはコミュニケーションの非常にパワフルな手法の1つです。だから、セックスを通じて、人は大きく傷つくこともあるし、癒《いや》されることもあります。

相手の物理的な要因だけに気持ちが向くときでも、物理的なことには限界点がありますから飽きるのは早いでしょうね。でも精神的な要因にまで思いを向けたら、それは無限の広がりを持ちますので、なかなか飽きないのではないでしょうか。

そして、パートナーは〈アナタの合わせ鏡〉ですから、アナタが物理的な要因や精神的な要因に目を向けるのと同じように、相手もアナタを見るでしょう。女性に飽きられる男は、物理的な要因で勝負できないのに、女性を物理的な要因で見る人です。自分自身に中身がないのに、相手を表面でしか見ないのです。中身がないから表面しか見られない、と言ったほうが正しいかもしれません。

今は昔よりもセックスが身近なところにあります。その代償として、セックスが持つ価値の重みや精神性は薄くなっていますよね。だからセックスを物理現象だけで見ずに、心の交流の1つの手段にできるとよいですね。

セックス数の信仰で報われるの？

「出来るだけ多くの女性を抱きたい」という願望は、ほとんどの男が若い頃に一度は必ず抱くものです。僕も同じでした。

しかし、実際に数多くの女性を抱いた結果として、それを成した男の人たちは「多くの女性と浅くつき合うよりも、1人の女性と深くつき合うほうが自分自身の成長にはつながった」と言うようになります。数多くの女性を抱いたからこそそう思うのだとしたら、多くの女性を抱くことは〈手続き〉として必要なのかもしれませんね。

若い頃に遊んだ人ほど、年を取ってから遊ばなくなりますよね。もちろん若い頃に遊んだ人が、1人の女の人と必ずしも添い遂げるとは言いませんよ。

でも何かに急《せ》き立てられるように、コンプレックスの裏返しとして女性を抱きたい、セックスがしたいとは思わないようです。

そもそも強迫観念のように次々と女の人を取り替える人、男を取り替える女の人には共通点があるようです。

過剰に自分が特別な存在だと思いたい。自分の価値は特別だと思いたいのです。

たしかに誰でも、自分を特別な存在だと思いたいことについては同じです。

でも、その思いが人間関係を壊したり、本人の精神衛生上問題があるほど崩れているのです。それが性欲というエネルギーに形を変えているだけですよね。

何人かとセックスをすると、だんだんと自分が見えてきませんか？　それまで自分が好きだと思っていたタイプとつき合ったときほど、そして、それが期待外れであるほど大きな発見があります。「自分は、このタイプを本当には好きではないんだ！」、そんな気づきがありますよね。

他人とつき合っているという体裁《ていさい》がありますが、それは自分自身を確認する行為だったりします。だから自分をなんとなくでも見つけた人は、〈数の信仰〉から逃れていきます。

でも、いつまで経っても自分を見失っている人は、ひたすら数を追い続けることを年をとってもやめられなかったりします。

だから多くの女性とセックスをしたいという思いを頭から否定する気はないのですが、いつまで経っても自分を見失ったままの人には別の方法が向いているかもしれませんね。そうはいっても、言い訳ばかりで行動しない人間よりも、千人斬りを目指して徹底的に数を追い求めている男がいるとしたら、そっちのほうが何百倍も偉いです。素晴らしいです。

これは猛勉強して東大に入学した人間に対する尊敬にも通じています。べつに東大だからすごいとは思いませんよ。しかし、彼らの大半が、同じ年頃の子たちが遊んでいるのを横目で見ながら自分を律してきたことは賞賛に値すると思います。その克己心《こっきしん》が素晴らしいのです。

ここではセックスを多人数と追い求めるケースを話しました。でも特定の方法で「これがクリアできるはず！」と思って始めた努力で想定したゴールにたどり着かない、そんな場合にはお願いがあります。

「違う方法を実行してください」

今の方法を今以上に一生懸命やるよりも、まったく違う方法をやったほうが解決に近づく可能性は高まります。それでダメなら「さらに違う方法をやってください」。それでもダメなら……。

心底惚れる、そんな経験が男を変えます

恋愛ほど〈精神性を磨く行為〉は他にないのではないでしょうか。恋愛と大借金ほど、感情が大きく揺れ動くことは他にあるでしょうか？　与えることと受け取ることのバランスを保つことが、これほど難しいことが他にあるでしょうか？　あるとしたら、他には戦争のような死に直面する暴力に晒《さら》されることくらいでしょうか。

でも現実には、魂《たましい》を磨く恋愛とは言えない関係のほうが多いですよね。セックスに対する世の中の抑圧がなくなり、一昔前に比べれば、オープンに性を楽しむ開放的な女性が増えています。それを奨励する本も今は多いですよね。その上すごく売れています。あやかりたいものです（笑）。

なかには「あの男、食っちゃっおうかな」なんて言う、男顔負けのハンターもいます。この原稿を作っている最中に、喫茶店で隣に座った女の子の会話もかなりエグいものでした。

それでは、女性も同じように〈数の追求〉に目覚めたのでしょうか。

たしかに、数の追求を通じて自分は特別だと思いたい女性もいるにはいるでしょうね。でも、複数の男性と積極的に性交渉を持とうとする女性は確かに増えていますが、彼女たちが男性と同じ理由で多くの男と寝たいと考えているのとはちょっと違う感じがします。

男の人は好きな彼女がいても浮気する人、多いですよね。でも女の人は、好きな彼氏がいても浮気をする人は少ないんです。あくまでも一般論ですよ。

男の体なのに女の心の人（通称オカマ）も世の中にはいますので、個々人ごとに誤差はあります。数多くの男性と並行して同時につき合っている女性って、本当は誰のことも好きではないですね。もちろん、本人すらそれには気づいていないケースが多いです。

本当に惚れる相手が出てくるまでは、つき合っている男たちに〈順位〉をつけて比較しています。

でも惚れるって、そういうことじゃないんですよね。

ネコって、室内で育てると、室内だけがネコにとっての世界のすべてなので、特にストレスは溜まらないそうです。でも一度でも外の世界を知ってしまってから室内に閉じ込めると、ものすごくストレスが溜まるそうです。潰瘍《かいよう》になっちゃったりするネコもいるそうですよ。

恋愛も似たところがあります。

彼女が今までに経験した〈もっともポジティブな感情を上回るポジティブな感情〉を提供する男、今まで経験した〈もっともネガティブな感情を上回るネガティブな感情〉を提供する男、その感情の波の振幅の幅が大きい男性を魅力的だと感じて〈惚れてしまう〉というのが、後藤よしのりの10年前から変わらない一貫した主張です（出版が10年前なだけで本当はもっと昔からの主張です）。

この波を提供できる人がいないとき、今の目の前の人たちを比較していくしか彼女には選択肢がないんですよね。

女性は一度でも、心底惚れた相手との恋愛を経験すると、数多くの男の人とつき合うことはなくなっていきます。同じような感情が自分の内面に起きる相手は誰なのか？

という基準で恋愛をするようになるからです。

だから数多くの女性と同時進行でつき合っている女性は、ちゃんとした恋愛経験はないですね。男を渡り歩く女性には、何かしら満たされていないものがあるのです。ただその探し方が分からないので、セックスというプロセスで代替策にしているんですよね。

たいてい何かの問題が起きているとき、その表面に見えていて、今追いかけているものは、本当に求めて追いかけているものではありません。

そして他人に何かを要求している場合に、それは他人の問題ではなく本人の側の問題です。この数の追求をやめるのは簡単、魅力的な男性が現れれば解決します。でもそんなに魅力的な男性は日本中に何人もいません。だから別の解決策が必要ですよね。

ここで、数の追求をやめることができた子たちの例を思い出してみます。

数の追求を続けている女性は、たいていの場合に性格が悪くなります。何人とつき合っても満たされていないのですが、それは自分の問題なのに、満たしてくれない相手や世の中を責めながら人と接することが多いからです。だから他人のことをバカにして、選民意識に浸ったりします。

ホストクラブに飲みに行っている子たちが、心が狭く、選民意識に浸っている子が多くなるのと同じですよね。なかには例外もいないわけではないですが。でも大半は選民意識に陥るようになります。だけど、これはコンプレックスの裏返しです。彼女たちは自分を特別な存在だと思いたい。それは裏返せば、自分で自分を価値のある存在だと思えないから繰り返されているパターンですよね。

セックスの達人だからといってモテるはずがない

世の中にはセックスの達人がいるようです。AV男優とか、性感マッサージ師とか……。僕は違いますよ。全然違います。

でもAVに出演経験を持つ女の子を少なからず知る立場にいるので、実態を見ていると、セックスが巧《うま》いから惚れるというようにはならないようです。多くの男性は、このポイントを誤解していますよね。

もちろん、セックスを通じて感情の波を大きく揺り動かし、惚れさせることができる男はきっといるでしょう。でもセックスが上手だから女が惚れるとは、アナタが考えているほどには短絡的にはできていないようです。

たしかに、AV男優を10年以上も続けている人ってうまいでしょうね。日本の職人には手でミクロン単位の誤差を感じ取れる人っているみたいです。毎日真剣に取り組むって、そういう能力を開花させるみたいです。

だからタイプも違う、キャリアも違う、何から何まで全部違う、そんな女性を相手に毎日毎日セックスしているんですから、絶対にうまいでしょうね。

でも武道でも、限界まで早く動くことと、動かずに止まっているとレーニングには本質的に同じような意味があるそうです。これは僕が武道の達人ではないので伝聞情報でしかないですが。じっとただ立っている。表面的には止まっているようにしか見えない。でもその内面では目まぐるしく重心移動などの運動が激しく起きている。それによって神経を鍛えるメソッドがあります。

宇宙を研究して、より大きなものを追求することと、人体の細胞レベルまで研究していくことは非常に似ているそうです。

数多く抱くことと1人の相手を極めることも、実は非常に似通った意味を持つのかもしれません。だからアナタが今現実にできることに今すぐ真剣に着手したほうが、できもしないことを無いものねだりで望むよりも、ずっとアナタの成長につながります。

彼女への思いを正直に伝えていますか？

「彼女と過激なセックスをしたい。でも変態と思われて嫌われるのではないかと思い、黙って普通のセックスに留めている」。僕はこんなカップルの相談を受けることが多いです。

そんなときのアドバイスは、「俺にそんな告白をしないで、パートナーに率直に伝えなさい」です。冗談ではないですよ。本当です。

よくあるのが、女性が「SMをしたい。でもパートナーに伝えられない」

ここまでならいいです。でも彼氏とは普通のセックスを、SMは別に、SM用のパートナーを探すというケースは想像以上に多いものです。

そして、その場合に女性が事件に巻き込まれたり、怪我をしたり、SMのパートナーがストーカーに豹変《ひょうへん》したり、この手の話は後を絶ちません。しかも年々、増加傾向にあります。

SM用のパートナーとは愛情確認ではなく快楽追求だけなので、いずれエスカレートして怖い思いをしてしまう可能性は高いです。ストーカーになるとか、プレイが激化して怪我をするとか……。

お互いの本音を隠し続ける。これは非常にナンセンスです。本当に好きなのに一生涯、隠し続けるつもりなんですか？　その上、我慢をしていてもいずれ我慢は続かなくなるし、外で別の相手を見つけたら危険な目に遭《あ》う可能性は少なくないですよ。

だから男であるアナタは、彼女が本心を告白しやすい人でいてあげてください。

彼女を愛しているならば。

その本心を聞いてしまったら、全部従わなければいけない、と言っているのではありません。「この部分は試してみよう。でもこっちはまだ勇気が出ない」と、正直に伝えればよいのです。

そのコミュニケーションの土台をお互いが持っていることがすごく大切です。

アナタ自身も本音を言えていますか？　隠していますか？

隠しているとしたら、いつまで隠し続けるんですか？

女性はアナタほど心が狭くはありません。正直に思いを伝えたアナタを、ネガティブに受け止めるケースはほとんどありません。

人としてのモラルに反することは別ですよ。でもアナタが「こんなこと恥ずかしい」と思っていることでも、アナタと彼女が正常な恋愛関係でいる限りは、喜ばれることはあっても嫌われる原因にはなり得ません。

女性は深いですよ。大きいですよ。男はかないませんね。

Ⅵ章

素晴らしいパートナーを見つけるために

間違いだらけ、デート術のABC

多くの男は、女性とつき合い始めた当初は、時間的にも経済的にも相当無理をするようですね。

デートにしても、最初は時間を無理してでもつくり、頻繁に彼女を誘うし、連れて行く場所にしても一生懸命考え、やれディズニーシーだ、お台場だと、毎回、趣向を凝《こ》らすものです。食事をする店も、自分の収入では分不相応なレストラン。当然、これをずっと続けていると、財布がもたないですよね。

相談者からこの手の話を聞くと、「やめりゃいいじゃん」と僕はいつも思います。

2人の仲が落ち着いて、穏やかになっていくと、最初ほどには熱い情熱を感じなくなってくるのが当然です。これを単に愛情が減ったと感じるか、関係が変化して次の段階に進んだと考えるのかで、その後の関係は大きく変わってしまいます。

そこで愛情が減ったと感じる人たちは、デートの場所がランクダウンしたと思うので、女性からは文句のひとつも出るでしょう。

もっとも、本当に明らかに愛情が減っている人がいるから、こんな解釈をされる事態が起きているとも言えるんですけどね。

この〈釣った魚にエサはやらない戦略〉をとる人がなぜ多いのかと言えば、残念ながら有効なケースがあるからなんですね。最初のデートで感情の波を揺さぶっておいて自分への依存心を高めていけば、そこから先はエサは要らない。こういうプロセスが有効なケースがあるからです。

最初は高い店や驚かせる演出で〈自己同一化〉を行って魚を釣り上げ、それが終われば少々の突き放しは〈分離不安〉を起こさせるので、それに対して女の人のほうが譲らざるを得なくなるのはよく見られる話です。

でも、アナタがもしもそういうやり方を取っていたとすると、いくつか問題がありますよ。

それで調子に乗っていると、彼女に対して他の男が〈自己同一化〉を演出して優しくすると、彼女は向こうに乗り換える可能性が高いです。いつまでも放置プレイをしていると、アナタは彼女をつなぎとめることはできません。

もう1つは、アナタがかなり上手なテクニックを持っていても、そのテクニックの内実がバレてしまったときには誠実な人のほうが勝つ、そんな例は枚挙に暇《いとま》がありません。誠実さは最後には強いのですよ。

女の人がデートに不満をもらすときって、大きく分けると次のように2つのケースがありますよね。

❶男をパトロン、スポンサーだと思っていて、刺激の強さを期待しているケース

この場合には刺激が少なくなったことに不満を言いますね。しょせん男は、運転手兼財布という認識ですから。その役目を果たさなくなったことで、文句の1つも言うのは当然です。アナタが〈道具〉として役に立たなくなったわけですから。

❷互いの愛情の確認手段としてすれ違っているケース

これもよくあります。丁寧に話を聞いてみると実は問題ないのですが、男性が愛情の表現方法が下手で、彼女が不安に陥っているケースです。

時々は大技で海外旅行に連れて行ったりするのですが、日頃のコミュニケーションが少ないせいで、彼女もしくは奥さんが不安になっているのです。

実際に、これは浮気をする男の人が〈ごまかし〉としてやる手法ですからね。それで疑われる原因になってしまっているのかもしれませんね。

ここで恋愛が上手な人と下手な人の、大きな特徴の1つをご紹介します。これは僕が初めて言うことではありません。アナタも必ず聞いたことがあるはずです。

それはモテる人は〈マメ〉だということです。

そしてトラブルを起こしてくる人の相談を聞いていると、すごく大雑把《おおざっぱ》ですね。マメな努力をまったくしていない。そのくせ根拠もなく「あの女は俺に惚れているはずだ！」と思い込んでいる。

その思い込みの裏でマメな男が動けば、彼女が心変わりする可能性はかなり高いのに。でもマメな人だって、やっていることは大したことないんですよ。大きなイベントでごまかす人だってすぐにできるようなことしかやっていません。1分しか話せなくても、仕事の途中、移動中などに電話したりメールしたり。

要は愛情の確認手段として有効ならいいんです。それが有効でなければ何をやったって無駄ですよ。

一緒にいるときも感情の共有ができることがいちばん大切です。だから大イベントの力を借りないと感情の共有ができにくいとしたら、それ自体が問題なのです。こうした日常的な愛情確認のコミュニケーションを抜きにしてイベントでごまかそうとするから、マンネリ化するのではないでしょうか。

何か特別なことをしなければ満足できないというのは、〈感性の鈍化〉ではないでしょうか。

通り道の花がキレイだとか、子犬が可愛いという、ささいな感情の共有なくして、イベントを「楽しいだろう！」と言われても、何となくしらけてしまう女性も多いのではないでしょうか。

子育てでもすれ違っている人たちって、このワナにはまっていませんか？

「毎日がつまらない。何か楽しいことないかなあ」といつも愚痴《ぐち》を言っている人って、感性が鈍っています。疲れているのかもしれませんね。もちろん磨くことはできます。愚痴を言っている人がいれば、愚痴を聞かされても状況を楽しめる人もいます。どちらが魅力的に見えるでしょうか。絶対に後者ですよね。アナタだったら後者とつき合いたくないですか？　前者が近くにいたらどう思いますか？

「一緒にいたくないなぁ。どこかに行ってくれないかなぁ」と思いませんか？　僕だったら思いますよ。しかも、女性は男性よりも敏感です。

小さなことを楽しんで、感情を共有してください。人は誰しも、そういう人を求めています。ましてや好きな相手と感情を共有できないのは寂しいものです。共有するために、同じように感じる共通項を探してください、日頃は気持ちがすれ違い続けているので大きなイベントを準備しないとなんて、それでは寂しいですよね。

彼女の微妙な変化に気づいてあげてください

多くの男の人にとっては簡単ではない宿題ですが、周囲の人たちの〈変化〉に気づいてあげるトレーニングをしてください。

女性がパートナーに対して持つ不満の多くは、パートナーからの自分に向けられる関心や気遣いの低下や不足に対してです。

自分をちゃんと見てくれていない、これが女性とのトラブルの元凶になっているケースが多いということです。

たとえば、彼女に自分の趣味を押しつけて、「こういうファッションにしろ、こういうヘアスタイルがオレは好みだ」と口うるさく注文をつける男と、ヘアスタイルを変えてもまったく気づかない男では、どちらが彼女にとって愛情が感じられるでしょうか。

言うまでもなく、前者です。たとえ高圧的に強制したとしてもです。

これは高圧的にしたほうがよいと言っているのではないですよ。たとえ高圧的であっても、関心がないよりは何百倍もよいと言っているのです。まったく関心を持っているように思えなければ愛情を疑ってしまいますから。

メイクやヘアスタイル、ファッションを変えたのに気づいてくれない。これは女性にとってはかなり寂しいですよね。

女性を相手にする仕事の人は通常、このあたりにはすごく敏感です。女性を相手にする仕事の人たちが、メイクアップアーティストでも、女性を撮るカメラマンでも、その他の職業でもモテているのは、女性が多い職場だからというだけではないのです。

このあたりの感性の鈍い男の人は嫌われて、淘汰《とうた》されますから。

アナタがパートナーとの関係を豊かなものにしていきたいと望むのであれば、小さな変化に対して敏感になってください。そして言葉にして伝えてください。

彼女のファッションがアナタの好みでないときには、はっきりそう言ってもかまいません。言わないよりも関心があることが伝わりますから。

でもファッションやメイクで言うと、彼女が派手なメイク、ファッションだと「やめろよ、そんな格好」と言う男性がいますよね。露出度の高いファッションならなおさらです。

でもちょっと考えてみてください。その理由は、彼女の魅力を自分以外の人間に知られたくないからですよね。もちろん彼女がアナタ以外の人間にもアピールしたいという動機に問題があると言えば否定はしません。確かに、そういう面もあるでしょう。

でも、彼女から魅力を奪って、魅力がなくなった彼女とつき合うのですか?

パートナーの魅力を奪い取ろうとする傾向のある人には共通する特徴があります。

もしも彼女が、今回はミニスカートをはくのをやめたとしても、派手なメイクをやめたとしても、アナタはそれでは満足しないでしょう。

アナタは次の魅力を封じ込め，すべての魅力がなくなるまで、彼女から根こそぎ魅力を奪うでしょう。実は女性も同じです。だから僕は、僕の魅力を封じ込めようとする女性とのつき合いには非常に大きな危険を感じます（笑）。

無関心よりはネガティブな関心のほうが、パートナーとの関係づくりには有効です。

しかし、魅力を奪い取る人は全部の魅力を奪い取るまで、その略奪は終わりません。

そしてアナタが彼女から魅力を奪いつくしたとき、アナタは彼女を捨てるのです。

この繰り返しに気づいた女性はアナタから離れていくでしょうし、それは正解だと僕は思います。この繰り返しを止めてみませんか。

正直者だから将来の話題で言いよどむ

過疎化地域のコミュニケーション指導、結婚に至るシステム構築をお手伝いさせていただいたり、風俗や水商売で離婚して1人で子供を育てている子たちを多く知ると、いろいろな発見があります。

「私たち、この先どうなるんだろう?」、彼女がポツンと言葉にする。あるいは男が「オレたち結婚するんだろうか」とふと漏らす。

こういったセリフはだいたい、〈パワーバランス〉が弱いほうが言い出します。

不安だから先のことを相手に早く決めてほしい、そして安心したい。

つき合って間もないのに、すぐに結婚を持ち出す男女もたいていパワーバランスが弱く、不安感を消したいので焦《あせ》っているケースが多いですよね。

結婚が良い選択肢か否か、なんてことよりも、自分の内面の不安定感をまず安定させたいのです。

こういう人との結婚は絶対に避けるべきだと思います。

良いか悪いかよりも、安定することのほうがニーズとして上にあるからです。

こういうタイプの人は、悪い結論でも答えは早く決まったほうがよいと考える傾向があります。そして、この判断方法を他のところでも行う傾向があります。

もちろん、良いか悪いかを短時間で見通せるのならばいいんですよ。それほど短時間で必死に答えを探そうとしたのなら、それはたいへん結構だとは思います。

でも、正誤よりも、善悪よりも、早く答えが決まるほうがよいという人って、どう思いますか?

そうやって答えを急ぐ人は男女ともに多いですね。だから離婚率が高まっているのではないでしょうか?　その結果として両親が揃わない子供が増えているのではないでしょうか?

だから将来の話に対しては、片方にとって考えつくしたと思っている答えが、もう片方にとっては充分に考えていない未知の領域の場合には、言いよどんでも不実ではないのです。

でも焦っている人は、言いよどむこと自体を責めたりします。本人は焦っているわけですから許せないのです。だから焦っている人はフラれるのです。そして、そんなパートナーと別れる結論を導き出すのは多くの場合、正解なのです。焦った人間に対して引きずられるのは最大の誤りです。片方が道を踏み外そうとしたときにはブレーキになってあげられないと2人とも死んじゃいます。崖から落ちそうなのに、2人でアクセル踏んでちゃマズいですよね。2人ともが単に勢いだけで突っ走るカップルって、危ないですよね。彼女がアナタの言いなりだからといって安心はできないですよね。彼女が浅はかなのかもしれないし、彼女はアナタと真剣につき合うつもりがないから安易に答えているのかもしれません。

愛されなかった彼女と真剣につき合う方法

しきりに親の悪口を言う女性がいます。こういう女の子って、虐待されてきた子が多いですよね。なんで、そんなに憎いのか？　それは愛されたいからです。なんで、そんなに傷ついたのか？　それは愛していたからです。子供の頃に虐待されたので、親を嫌いになることによって親離れをしようとしている人は少なくないですよね。親への気持ちを断ち切るために、悪口を言って、親離れをしようとしています。何とも思っていなければ忘れちゃうものですよね。悪口なんか言ってませんよ。

憎しみを語り続けているのは、愛情が続いていることと、同じカードの表と裏です。好きだからこそ、愛情を断ち切れずに、親離れできずに苦しんでいます。

今は子供を虐待する親が増えてますよね。そして虐待されて育った人は、自分の子供を虐待したり、職場で誰かをいじめて〈虐待の連鎖〉をつなげています。

虐待をされている子がいちばん苦しんでいるのは間違いないけど、実は虐待をしている本人も苦しんでいますよね。この手の相談がすごく多いです。僕の業界にはたぶん、他の業界よりも多いと思います。たいてい彼女たちは泣きながら、「本当は叩きたくない」と言いますよ。でも叩くことをやめられないのです。

僕は学者でもないし医者でもないから、僕の立場から現実に結果を出している例をお話しさせていただきます。

僕が彼女たちにまず話すのは、親を許せないと思うのではなく、「もしも許せるとしたらどう言ってあげられるかな?」という問いです。

彼女たちも本当は許したいんですよね。「なんでそんなに憎いのか?」。それは愛しているからです。本当は許せるとすごく楽になるんですよね。

その上、若い世代のほうが柔軟性を持った対応を受け入れやすいので、子供のほうから許そうと思ったほうが関係が変化して、改善できる可能性が高いです。

子供の側から親に対して優しく振舞うと、親の対応が変わるのはよくある例です。親のほうにも理想の親子関係像が心の中にあって、それが満たされないから虐待が続いているのです。そのルーティンを壊しましょう。どんな方法でもいいから、今までとは違った方法を試してみましょう。

もしも親がもう死んでしまっているとしたら、死んだ親に声をかけてあげたなら何を話してあげるのかを考えるのがよいようです。

彼女たちが苦しんでいるときに、新たな戦い方を教えないでください。それは多くの場合に新たな苦しみを生むように思います。それよりも許し方を教えたほうが、彼女たちは救われますよね。

ビジネスや多くの社会生活の相談では別ですよ。それは明確に競う相手がいますからね。戦い方を教えてあげないといけないケースのほうが多いです。そして競って勝たなければ何も得られないというケースは現実にたくさんあります。

だけど親を憎んでいるというようなケースの場合、親が目の前にいなくてもずっとその思いを続けているとき、彼女が戦っているのは本当は親ではありませんよね。

彼女は自分自身と戦っているわけです。自分自身と戦っている彼女を戦うことから解放してあげることのほうが、彼女が幸せになる可能性が高いと思いませんか？

もしも親御さんが生きているなら、現実に親御さんに優しい言葉をかけてあげることはものすごくパワーを持ちます。それを繰り返していくことで親の態度が軟化していくプロセスを経験できると、彼女自身が救われる確率がもっとも高いです。

表面に現れた現象だけを見て常識で判断すると、事実を見誤るときがありますよね。「こいつは嫌な女だな」と決めつける前に、彼女がなぜそんな言動に出るのか考えてみると、今までとは違った素顔が見えてくるかもしれません。

長くつき合うのに向かないパートナーとは

「長くつき合ってはいけないタイプの女性っていますか?」、この相談もけっこう多いです。

まず一番は〈相性が合わない人〉ですよね。つまりは、互いの〈真のニーズ〉がズレている人。これは偏見ではなく、SMのS同士、M同士は、本当の真のニーズがズレているので我慢をしなければつき合えませんよね。

分かりやすく極端な話をしましたが、〈与えることと受け取ることのバランス〉が合っていない場合には関係はうまくいきません。

与えることとは、自分が誰かにあげたいと心から思えるものです。奪われるものではありません。受け取ることとは、自分が心から受け取るのに無理のないものです。

これは奪うものでもありません。無理なく与えて、無理なく受け取れる関係が維持できないと、隠れた我慢が関係の裏に生まれます。それは時限爆弾のように、いつか爆発するのを待っていることになります。

〈奪い、奪われる関係〉は、双方のニーズが合っているように表面的には見えます。しかし、必ず不幸になるので分かります。瞬間的には熱く燃え上がるので、止められない人も多いですが。これはホストやヒモと女の関係。女詐欺師と騙されている男の場合に、よく見受けられますよね。

たしかに、カネを出して一時的な快楽を得るのですが、本当はカネなんて出したくないですよね。

これは奪われているものです。奪っている側も恋愛感情など最初からありませんから、関係そのものが良好になることはまったく目的にはなり得ません。だから奪ったものはすべて自分の技量によって得られたと判断するので、奪われた獲物、すなわち被害者に感謝は絶対にしません。

一時的には熱く燃え上がっても、結局幸せにはならないのです。

しかし、この奪われることでしか愛情を感じないタイプの女性がいます。それは子供のときに無条件の愛情を注がれずに育ったので、代償を出すと安心するタイプです。

その騙される経験を繰り返せば繰り返すほど、より騙されやすくなります。詐欺商法に引っかかる人間のリストが高額で売れることからも分かるように、騙される人間は何度でも繰り返し騙されるのです。騙されれば騙されるほどさらに騙されやすくなっていくのです。すでに述べたことですが、大事なので記しておきます。

ホストやヒモに騙される、女詐欺師に騙されるなかでカネを出す、これが愛情の証という回路が定着していくと、騙される側もカネを差し出して、受け取ってもらうことによって安心する回路がプログラムされていきます。

アナタがもしも常識的な男性ならば、この回路が入った女性とつき合うとものすごく苦しみますよ。

アナタは彼女を愛しているので、誠実に接したいと思いますよね。でも彼女は、彼女を虐待する人にしか愛情を感じません。誠実さをストレートに信じることができなくなっています。

こうなると、もう専門家の扱う領域になってしまいます。多くの場合に精神科医やカウンセラーでも彼女たちを救えません。僕のところに精神科医やカウンセラーをジプシーのようにさまよった後で泣きついてくる人たちがいっぱいいます。

僕は優秀な精神科医やカウンセラーなら彼女たちを救えるとは思いますが、そんな出会いは非常な幸運に恵まれないとあり得ないとも確信しています。

多くの場合には医者は薬を処方するだけ、ほとんどのカウンセラーはまったく治せる腕を持っていません。そうやってジプシーになっている子は山ほどいます。

彼女たちは自分が尽くして、そして虐待されて、表面的な優しい言葉や態度にごまかされ続けることがもっとも刺激的で、幸せを感じる状況なのです。

そしてその関係に疲れ果てて、彼女が男の耐えられないほどのワガママを言うと男が呆《あき》れ返って彼女を捨てます。こんな関係を、何人も何人も繰り返しています。男に相手にされなくなるまで。

彼女たちは誠実な相手を好きになりません。でも運良く誠実な相手を好きになって、つき合うことができたとしても、誠実な相手が誠実に接すると、その状況が落ち着かなくなるのです。不安に感じるのです。だから抵抗します。

この場合の抵抗は非常に良い兆候ではありません。なぜなら、信じたいけど失うのが怖いので、いずれ失うのであれば早めに壊れたほうが傷つき方が小さいと思うからです。だから関係を壊そうとするのです。壊れれば不安感がなくなるからです。絶望感よりも不安感のほうが不快に感じるのです。絶望感は彼女にとっては慣れ親しんでいるので、つき合い方を知っているからです。その抵抗によって関係が壊れることで「やっぱりウソだったんだ！」と自分自身に証明して安心したいのです。

だけど、その段階を我慢して男がクリアできると彼女は抵抗をやめます。その時点からが本当の愛情のスタートなのです。

しかしアナタが、このプロセスにつき合えないのなら、絶対にやめたほうがよい相手でもあります。また、このプロセスはものすごく手間がかかるし、精神的にもズタズタになるかもしれないので、アナタ自身にとって、それだけの価値のある相手かどうかをしっかり考えてから取り組むことをお勧めします。

このポイントを無視して一時的に我慢して恋愛をして、無理やり結婚しても、このプロセスをクリアしていなければいずれは必ず失敗します。絶対です。だから先に考えておいてください。

あっ！　それからアナタがいくら彼女を好きになったとしても、彼女がアナタを好きでないのに「僕は必死です」「僕は一生懸命です」とか言って相談に来る人がいるのですが、アナタ自身に魅力がない状態を解決していないのに誰かを口説こうとしても、それには出来るアドバイスはありません。そういう話はしないでくださいね。

縁遠いほどの超美人を探せ！

いつの時代にも、つき合う女性全員から「結婚したい」と思われる男性がいます。

これが容姿や収入とはまったく関係ないんですよね。

これはエネルギーの問題なんじゃないですかねぇ。モテる人は共通して非常にパワフルですから。

女性にも、そういう人がいますよね。大富豪と結婚しては離婚を繰り返してドンドン金持ちになる女性がいますもんね。まぁ個人的には、こういう女性って〈下げマン〉な気がしますけどね。男が疲《ひ》弊《へい》しているみたいですから。

だから男性にはお勧めしたい選択があります。

女性には、こんなタイプがいます。男の人が途切れない。顔もスタイルも抜群。男性にも尽くすし、優しくて非の打ち所がないように見える。だけど誰も結婚をしようとしない。こういう女性とつき合って結婚をすればいいんです。

こういう女性は、男性に対して利用しやすい〈都合の良い女〉になっているだけ、というケースがあります。だから今、彼女がつき合っている他の男性よりもアナタがパワフルに押し切れば、結婚できる可能性は高いです。

もちろん、アナタに魅力がなければ話になりませんよ。

アナタが忘れそうな小さなことが実は大切

男と女は、基本的に〈全然違う生き物〉だと思ってください。

だから、「俺が彼女だったら」という、相手の立場に立って考える憶測が役に立たない場面が山ほどあります。真剣に相手のことを考えたはずなのに関係がうまくいかないで、「なぜ分かってもらえないんだ」と思っている男性は多いですよね。

脳には男女差があるので、男が特別なトレーニングを経ずして心から相手の立場に立とうとしても、ズレてしまうことはよくあることなのです。

女性のなかでも、それぞれが個人ごとにこだわるポイントは違います。だからつき合うなかで彼女に固有のパターンがないか、覚えておいたほうがよいでしょうね。

記念日を覚えている女性なら、誕生日や最初のデートの日などは、ひと通り覚えていたほうが心証は良いでしょうね。そこにこだわらない女性だと、あまりに男ばかりが細かく記念日など覚えていると気持ち悪いと思われてしまうので、あくまでも相手に合わせることが必要です。

彼女が重要視する傾向のあるパターン、それに沿うことが大切なのです。

「女」とひと括りに出来ることと出来ないことがありますから。

記憶するのが大変だとしても、気づいたときにすぐに携帯電話に登録しておけば特に覚えておく必要はありません。複数の女性と同時進行でつき合っていたりすると、携帯は見られる恐れがあるのでダメかもしれませんが、何かシステム的に記録しておくほうが楽ですよ。記憶力に自信がある人以外は、まず忘れることを前提にしていたほうがよいと思います。

システム化しておけば何の苦労もありませんが、個人の能力や努力に依存しようとすると才能のある人にしか出来なくなってしまいます。

システム化しておけば、才能がない人でもミスは激減します。

そして多くの人が自分を才能がない前提でシステム化をすることをお勧めします。

これは社会人なら分かってもらえると思います。職場で同じ思いをしているのではないでしょうか。システム化しておけば結果が安定します。個人の能力や努力に依存しているあいだは風邪もひけませんよね。これはビジネスコンサルタントとしての意見でもあります。

それから、記念日を「忘れた、忘れない」などでトラブルになるのは、多くの場合コミュニケーションに問題があります。それも具体的にコミュニケーションの内容云々の前にコミュニケーション自体の総量が足りないことが原因だったりします。

そして男からすると、「こんなこと言っても言わなくても同じかな」と思うことってありますよね。悪意はないけど、必要もないと思って言わないこと。

これらは全部言っておきましょう。多くの場合には隠し事そのものが問題なんです。

率直に言われたら、思いが伝わったら、彼女は抵抗の理由を失います。

トラブルになりそうな可能性を感じたら、必ず事前に伝えておきましょう。

隠し事さえなければ、たいていのことは女性が一緒に解決しようと言ってくれます。
そう言ってくれない女性だったら、運命のパートナーではないかもしれませんね。

小さな仕事を手伝って！と要求する胸の内

共働き夫婦が増えて、家事を分担する当たり前の時代になりました。男女が両方働いているのだから、得意な領域を分担するのは互いに助け合いたい気持ちにウソがなければいいんじゃないですか？　でも、こんな些細《ささい》なことで深刻なトラブルに発展しているカップルも少なくないんですよね。

休みの日に女性が掃除を始めて「外に出ててくれないかな？」と言われちゃう人と、「寝ているあいだは音を立てないようにしよう」と配慮してもらえる人がいるのはどうしてでしょうか？　まさか休みの日に急にアナタに対して、「寝ているのが頭にきた」なんて思っていませんよね。

その嫌がらせも気遣いも、その原因は普段の接し方にあるとは思いませんか？　眠っているときに「寝かせてあげたい」「眠っているうちは掃除機をかけるのはやめよう」と思ってもらえる人には共通点があります。

トイレから出たらについでに軽く掃除をしたり、風呂から出るついでに風呂掃除をしてきたり、そういうことが苦にならなかったりします。何でも「ついで」にやっているので本人も無理がないんです。だからやったことを、人に押しつけがましく自慢しません。

僕は風俗店舗や飲み屋を持っているのでいろいろな人を見ます。

そうすると驚くことに、店のトイレから出てくるときに軽く綺麗にしてくるお客さんがいます。こういう人って、スタッフにも好かれているんですよね。当然、女の子にも好感を持たれています。その事実が明らかになる前から好感を持たれているんです。立ち居振舞いや雰囲気から、女の子も悟るのかもしれませんね。

飲み屋のトイレは風俗店舗よりもさらに汚くなります。皆、酔っ払って焦点が定まりませんから。そんなトイレを軽く掃除している人が稀にいます。

そういう人にはさらに共通点があります。全員が、社会的にすでに高い地位があるか、遠からず出世する人なんです。だから僕も見習ってます。

お役人では残念ながら、そういう人は少ないですね。自営業がいちばん多いです。

こういう人って、家でも奥さんに気を遣ってもらってるんです。

彼女が気を遣ってくれない人って、こんなところに問題があるんじゃないでしょうか。

アナタの会社の社長が、アナタがトイレに入った後に掃除をしていたらどう思いますか？

「あー、すいません！　自分がやります」って言いませんか？　何も掃除を誰もしてくれないわけじゃないんですよ。しばらく待てば誰かがやってくれるとしても、気づいたときに率先して自主的に社長がやっていたらアナタもやりませんか？

彼女との間にも、そういうことが起きているのではないでしょうか。

アナタから不都合なことを押しつけられている気がする。これが1つの原因です。

もう1つ、原因があります。

実は、僕や僕の周りの男はほとんど家事はやらないんですね。会社の中でも僕は自社ではほとんど細々とした雑事はやりません。下の人間がやるべきだと決めつけているわけではありません。ただ、社長が必要以上に仕事に手を出すと、社員は社長の仕事を取っておくんです。

そうなると、本来の社長としての仕事がおろそかになるんですね。

経営者が人を雇うのは、経営者が1人では手が回らないことをサポートして解決してもらうために雇っているので、そのことを覚えてもらうために雑事は仕事を覚えるチャンスとして残します。そして、それを誰がどのような順序で処理するかをしっかり見ていてあげます。

それをしないと不公平になってしまいますからね。役割分担です。

この役割分担をしていることが重要なのです。

女性との関係も似たところがあります。同じことを2人ともがこなせなければいけないなんてのは奇妙な考え方です。2人は違う人間なのですから、得意なこともあれば苦手なこともあるのです。だから変な、そして無理な主張すると、関係は絶対にうまくいかなくなります。

自分には得意なことと苦手なことがあり、自分が苦手なことをサポートしてくれる人に対して感謝する。それが役割分担なのだと思います。組織でも僕以上に組織運営がうまく出来る人間が社内に生まれたら、その日に引退します。

パートナーとの間でも、苦手なものは一歩引くのが良い関係づくりです。そして相手に感謝する。その感謝が心からのものであれば、相手が苦手なことはサポートしようと、こちらも自然に思いませんか？

そして手間もかからず自分でもすぐに行えるものであれば、「ついで」にやってしまおうと思いませんか？

彼女が家事を手伝ってほしいとか、些細なことをアナタに頼みたいとしたら、「愛されている実感を持てない」ということを伝えたいサインかもしれません。

愛されている実感を持っていれば、もしくはパートナーがアナタを愛していると実感していれば、眠っているところに嫌がらせのように掃除機をかけるなんてことは絶対に起きません。

この根本部分の問題を解決しないで家事を全部やっても、別の文句を必ず言います。夫婦喧嘩の仲裁、恋人同士の喧嘩の仲裁をしていてつねに確信するのは、それぞれが主張している原因は本当の喧嘩の原因ではないということです。主張しているのは単にきっかけに過ぎません。本質は、愛情の確認が出来ていない、すれ違っていることが問題です。

それを別の形で相手の非を責めているだけです。

だからまずは感謝を伝えてください。文句を封じるテクニックではなく、心から。

その感謝が本物ならば、アナタも彼女を助けたくなるのではないでしょうか。

そうすれば問題は自然に消えます。

良い男は自分の役割分担をまっとうする

最近は「ジェンダーフリー」とか「男女共同参画」とか、男女の性差別をすべてなくそうという動きが活発になっていますよね。男女平等だそうです。

性差別があってよいとは思いませんが、最近の風潮を見ていると、ちょっとおかしな解釈をしている人が時折いるような気がします。はたして、なんでもかんでも男と女が一緒でいいのでしょうか。もちろん、男女の職業選択の自由とか雇用の機会均等などは保障されたほうがよいと思います。実際、僕は世の中には優秀な女性が多いと実感しているので。

でも、男と女の特性を無視したような男女平等論には絶対に賛成できません。男には男の、女には女の得意なジャンルがあり、役割分担があってしかるべきだと思うのです。たとえば、簡単に言えば、力仕事は機械化が進められないジャンルは男がやったほうが効率的ですよね。家の洗濯や掃除は世界的にみても、女性がやっているのは人間の知恵として、そのほうが結果が良かったからではないでしょうか。

家事は毎日同じ仕事の繰り返しなので、忍耐力を必要とします。その点では、女性のほうが男よりずっと優れているのです。同じ仕事を飽きずにコツコツ行うという特性は女性のほうがはるかに優れています。男ではストレスが溜まって、同じクオリティを維持できないのではないでしょうか。

税理士の資格試験は、段階的に積み上げることができるので、女性に向いていると言われます。しかし実務になって交渉事が出てくると、男の人が向いていると言いますよね。そもそも正しいか間違っているかを、ここで論議するつもりはまったくありませんが、男女の特性に何の配慮もせずに、全部同じことをしたほうが本当に幸せになるのでしょうか？　僕の知り得る限りは、そうやって幸せを増やしたという人の話は聞いたことがありません。

それに男女平等を主張する女性は、都合の良いときは平等を主張し、都合が悪くなると女を主張する人が多いです。まぁそれでも、幸せが増えるのであればかまわないと思いますが。

でも、役割分担をしながら協力したほうが幸せな人が増えると、僕は思います。実際に幸せな人は役割分担が上手な人じゃないですか。仕事でもプライベートでも。それが表面的には女が全部家事をやっていて男は何もしないように見えても、双方ともに我慢は一切なく、心から幸せを増やしている関係ならよいと思うのです。

料理をする女性のなかには、絶対に台所に男を入れない人もいますよね。鍋奉行が鍋を全部仕切って、他の人には口を挟ませないように。自分はつくることに専念して、たとえ食べられなくても人に食べさせることが、その瞬間の鍋奉行の幸せなのです。

掃除や洗濯にも、このような〈聖域〉を設けている人っていますよね。

結論は、幸せが増えているか減っているか、それだけを基準にして見ていくと、いちばん良い落ち着きどころが決まると思います。我慢は絶対にせずに不満があったら相手に丁寧に伝える、一度決めたことでも訂正は何度でもあり、こうしておけば幸せは増えるのではないでしょうか。

悪癖にはスイッチを入れないこと

酒の失敗で、仕事や恋愛を台なしにする男がいます。暴力夫にしても、普段はいい人だが、アルコールが入ったとたんに豹変して暴力を振るう。俗にいう酒乱です。

酒乱の男を許す女性もいて、それがさらに状況を悪化させる原因になっています。

酒乱の男性は、飲んでいないときは非常に温厚で、当たりも柔らかい人が多いと言います。その分、鬱屈《うっくつ》しているものが大きく、酒によって爆発すると手がつけられなくなるそうです。

普段の男の姿を見ている女性は、酒を飲んだ状態は一時的なものだと許してしまうのですが、それは思い違いです。全部を含めて1人の人間なんです。

酒の勢いを借りて殴り、女性をつなぎ止めているヒモの手口も古典的なものです。

酔うと骨が砕けるほど殴り飛ばす。女が気絶しても。女が目を覚ますと今度は「お前が好きだから」と泣きながら看病する。グチャグチャになって鼻血を出している彼女の顔を舌で全部なめてぬぐい取る。書いていても吐き気がします。

酒乱の男を引き寄せるのは〈相互依存〉なので、女もそういう男を求めているのです。そうでなければ長期には耐えられません。でも、ここまでやられるとかえって女は許してしまうのでしょうか？

先日怖い話を聞きました。以前暴力を振るう男とつき合っていた女性から聞いた話です。彼女が暴力を振るう男を許すのは、後の看病のときではなく、殴り始めたときだというのです。何度も繰り返し殴られていると、殴られると同時に「この暴力が終わったら、普段にはないほど優しくしてくれる」、そう思って許すのだそうです。気絶して病院のベッドで起きるほど殴られるのにです。彼女は幸い、現在はこの状態から脱出することに成功しています。

でも怖いですよね。まともじゃありません。まともなら許しはしません。殴る男を求めている女は、許してしまう資質を最初から持っているのです。そして殴る男は、そういう女を嗅ぎ分ける臭覚を持っているのです。だから被害が深刻になるんです。

これはもうお気づきの方もいるでしょうが、〈自己同一化〉〈分離不安〉から〈揺り戻し〉を利用した、女を惚れさせる、初歩的だけれども非常に強力なやり方の1つです。でもまともな人間なら、こんな関係が正常な恋愛だとはとても思えませんよね。

「自分は酒癖が悪い」と本当に心から自覚して反省している男性が、酒で失敗しないためには方法は1つしかありません。「一滴も飲まない」ことです。

酔っぱらう寸前でやめれば大丈夫という人がいますが、それは無理です。僕は成功例を聞いたことがありません。酒乱が飲むことをやめないなら、本当は反省などしていない絶対的な証拠です。専門的なカウンセリングが必要なレベルの依存症だとしても、治療を始めないのであれば反省は皆無だと思ってかまいません。

もしもアナタに悪癖があるのなら、スイッチを入れないことです。スイッチさえ入れなければトラブルは起きません。そしてスイッチさえ入れなければ、その問題を起こしてしまう根本的な心の問題を治せる方法を探すことができるかもしれません。

でも一度スイッチが入ったら、治したいと思う気持ちそのものがなくなってしまうでしょう。

アナタが悪癖のスイッチを押すときに、「俺は今回も女を死ぬほど殴るだろう。でも仕方がない」と思っていることを僕は知っています。

もうとぼけるのはやめてください。

僕の行動はすべて、〈たった1つの規範〉で選択されています。

その行動によって〈幸せと不幸〉、そのどちらが増えるだろうか？　それだけです。

全員が幸せになる選択肢を選べないときもあるでしょう。そもそもそんな方法はないかもしれません。でも全体的に考えて幸せの総量が上回るのであれば、つねに「GO！」です。

明らかに不幸になるスイッチは封印してください。

そして幸せが増えるスイッチをたくさん押しましょう。

SEIKO SHOBO

間《ま》違《ちが》いだらけのオンナ選《えら》び

◉著者
後藤《ごとう》よしのり

◉発行
初版第1刷　2003年5月30日

◉発行者
田中亮介

◉発行所
株式会社 成甲書房

郵便番号101-0051
東京都千代田区神田神保町1-42
振替00160-9-85784
電話03(3295)1687
E-MAIL　mail@seikoshobo.co.jp
URL　http://www.seikoshobo.co.jp

◉印刷・製本
株式会社シナノ

Printed in Japan, 2003
ISBN4-88086-146-4